Collection Olympie

ALTAL Éditions
35, avenue Gambetta
Paris XXe

Quand on rêve le monde...

Edgar Grospiron

Quand on rêve le monde...

Avec la collaboration rédactionnelle
de Sarah Molina

Préface de Jean-Claude Killy

En 1992, les XVIe Jeux Olympiques d'hiver se sont déroulés à Albertville, une petite ville de Savoie située à l'embranchement de trois massifs montagneux parmi les plus courus au monde pour la pratique du ski : la Maurienne, le massif du Beaufortain et les confins de la vallée de la Tarentaise.

Michel Barnier, qui, à l'époque, était Président du Conseil Général de la Savoie, et moi-même partagions la présidence du Comité d'Organisation.

L'événement a été étroitement lié à la carrière sportive d'Edgar puisque pour la première fois dans l'histoire des Jeux d'hiver, le ski de bosses figurait au nombre des disciplines officielles.

Quand on rêve le monde...

Lorsque je me remémore l'épopée olympique de 1992, trois souvenirs précis au sujet d'Edgar se dessinent de manière chronologique : en premier lieu, c'est cette formidable assurance qui émanait du garçon lorsque, jour après jour, par voie de presse ou lors de discussions plus intimes, il nous assurait qu'il allait gagner. Quand on imagine ce qu'il aurait pu endurer si ses déclarations ne s'étaient pas vérifiées, on se dit qu'il fallait une certaine dose de courage pour assumer les conséquences d'une telle désillusion...

Ma deuxième pensée va à Nano Pourtier, le Capitaine des Équipes de France de ski de Bosses. À quelques heures de la prestation d'Edgar, ce fameux jour de finale, les nuages ont peu à peu voilé le ciel puis la piste, modifiant très fortement la visibilité et l'état de la neige. Edgar portait le dernier dossard, ce qui n'était pas forcément ce qu'il y avait de mieux dans l'ordre de passage. Je tenais absolument à œuvrer dans un souci d'équité. Par talkies interposés, Nano m'a assuré que son athlète ne souhaitait pas voir la course reportée, qu'importent les conditions météorologiques.
C'est ainsi qu'après maintes hésitations de notre part, nous avons laissé partir la course... Une heure et demie plus tard, Edgar s'est élancé... et a comblé tous nos espoirs.

Le troisième moment fort vécu avec Edgar eut lieu quelques jours après la cérémonie de clôture des Jeux. Michel et moi étions dans notre bureau, occupés à faire les comptes et à archiver dix années de l'aventure d'une Savoie fraîchement Olympique. Au milieu de ce désordre et de nos esprits nostalgiques, le téléphone a sonné. C'était Edgar. Il appelait du Japon, pour nous remercier et nous dire à quel point il était heureux. Ce fut une merveilleuse surprise, un rayon de soleil qui nous parvenait, à des milliers de kilomètres de là !

Pour tout cela, Edgar reste pour moi un champion particulier, un excentrique, une personnalité mêlant la joie de vivre et une grande rigueur professionnelle, un être capable de créativité, de spontanéité, doté d'un sens aigu du détail et de la perfection. Alain Grospiron, son père, que j'avais remarqué à l'époque de notre adolescence sur les courses nationales, a sûrement transmis une large part de ses qualités à son fils.

Au fil des années, les biographies et autobiographies de sportifs ou d'anciens sportifs se succèdent, mais le livre d'Edgar commence là où les autres s'arrêtent. Après avoir transcendé son passé sportif, il est un des seuls aujourd'hui à retranscrire ce que chaque athlète, intuitivement ou non, possède au fond de lui ; une formidable envie de vivre, d'exister et de se surpasser.

Quand on rêve le monde...

Edgar a démonté un à un les mécanismes du succès, disséqué les enjeux du management de la performance, exploré les sources de la motivation pour nous montrer à quel point les vecteurs de réussite sont à la portée de chaque individu.

Merci à lui, et bonne lecture.

Jean-Claude Killy
Triple Champion Olympique
Membre du CIO

1ère PARTIE
Biographie

I
Un gosse qui rêve...

Premier bond : du Jura vers les Alpes

Je suis né à Lelex, une station de ski créée par mon grand-père, au cœur des Monts du Jura, le 17 mars 1969. Une bourgade d'à peine deux cents habitants à l'époque, située à une dizaine de kilomètres du canton de Genève, dans la vallée de la Valserine.

La branche paternelle, ancrée dans le Haut Jura depuis la fin du XVIIe siècle, était issue d'une famille de lapidaires, métier assez répandu dans cette partie du pays.

Quand on rêve le monde...

Mon grand-père, Jean Grospiron et son frère René ont travaillé la pierre et fait fructifier l'affaire familiale, l'un restant au village pour suivre la confection à l'atelier, l'autre pratiquant les allers et retours à Paris pour développer le négoce auprès des joailliers de la Place. L'atelier de lapidaire occupait une partie de la maison familiale mais très vite, mon grand-père et son frère ont décidé de transformer Lelex en une station de sports d'hiver. Sur la base d'un concept novateur à l'entre-deux-guerres, ils ont transformé cette grande bâtisse en hôtel pour accueillir les premiers « touristes » venus dans le Jura profiter de l'air pur. Dans le même temps, ils ont édifié le premier téléski de la vallée, conférant à celle-ci un attrait touristique supplémentaire en saison hivernale.

Ainsi, très tôt, le solide sens du commerce des Grospiron a permis d'emmener progressivement le village – plutôt replié sur lui-même – vers de nouvelles perspectives d'ouverture. Mon père a hérité de ce goût pour le commerce et les échanges et s'est toujours extrêmement bien débrouillé dans toutes les activités qu'il a entreprises. Je dirais de mon père qu'il fut très tôt mis à l'épreuve, à la fois dans l'atelier de son propre père à tailler méticuleusement des pierres de couleur et très rapidement sur les pistes de ski à affronter les skieurs

des Alpes avec l'envie de damer le pion à ceux qui vous renvoient à quelques complexes d'infériorité... Très bon skieur, il a remporté le Championnat de France des Moniteurs de ski en 1970 et a été pendant un temps entraîneur au Canada et aux États-Unis.
Du côté maternel, mon grand père et ma grand-mère étaient commerçants à Bellegarde. Ils tenaient une droguerie dans le centre de cette petite ville de l'Ain. Ma mère gagnait souvent le chalet que ses parents possédaient à Lelex pour y pratiquer le ski et faire la fête ! Une idylle est née un soir de tempête de neige tandis que, sous la bourrasque, mon père, ce héros protégeait ma mère d'une attaque de flocons agressifs... Non... je plaisante !

À l'époque, lorsque je suis né, mes parents tenaient en gérance l'hôtel familial. Un établissement convivial, un lieu de passage très apprécié qui leur demandait beaucoup de temps et d'énergie. Les toutes premières années de ma vie se sont ainsi déroulées dans ce cadre chaleureux et fourmillant, au milieu des clients, des amis de mes parents, des habitués… et de la neige qui est très rapidement devenue une fidèle compagne de jeux. Du plus loin que remontent mes souvenirs, je me vois entouré de neige et perpétuellement occupé à exploiter les dizaines de distractions qu'elle m'offrait.

Quand on rêve le monde...

J'étais un gamin plein d'énergie et assez solitaire. Ma sœur venait de naître, nos parents étaient très pris par les obligations liées au fonctionnement de l'hôtel, on m'a naturellement accroché mes premiers skis aux pieds alors que j'avais à peine dix-huit mois… Seule ombre au tableau, haut comme trois pommes, il aurait fallu que quelqu'un suive de près mes glissades pour éviter que je ne m'aventure trop loin. Mes parents avaient alors eu une idée de génie : le terrain de tennis de l'hôtel !

Grillagé, il permettait de laisser libre cours à mes pérégrinations en toute sécurité. Il suffisait que ma mère jette un coup d'œil de temps en temps par la fenêtre pour vérifier si elle apercevait toujours la couleur de ma salopette de ski. En plein air, avec de la neige à volonté et déjà de petites bosses qui se formaient à mesure que je « sculptais » la matière blanche, mes parents avaient eu une idée aussi formidable pour moi que pratique pour eux.

D'ailleurs, j'étais presque devenu la coqueluche des clients de l'hôtel qui s'amusaient de me voir jouer ainsi, des heures durant et, plus encore, quand, soudainement tiraillé par la faim, je traversais en hurlant la salle à manger de l'hôtel, les skis toujours aux pieds, glissants sur le carrelage… « Maman ! J'ai faim ! ».

Un gosse qui rêve...

En 1973, Jean Vuarnet, ancien champion olympique de ski a proposé à mes parents de prendre en gérance son magasin de sport. Jean Vuarnet a été un acteur-clef du développement de la station d'Avoriaz : il en avait initié le projet avec Gérard Brémont, créateur de Pierre et Vacances, treize ans plus tôt, et avait créé Vuarnet Sport, un magasin situé sur le front de neige de la station à l'arrivée du téléphérique des Prodains qui montait les clients pour leur séjour dans cette station perchée à 1800 mètres d'altitude. La particularité d'Avoriaz était de n'être desservie que par des traîneaux emmenés par des chevaux, ce qui ajoutait au charme de cette station stimulée par la fièvre de l'or blanc à la fin des années 60. Mes parents ont accepté l'offre et nous avons déménagé dans les Alpes mythiques.

Parmi les singularités de cette station, l'absence d'école maternelle a inexorablement renforcé mon inclination pour le ski. Mon école était ce front de neige dont l'activité joyeuse rythmait mes journées. Mes parents étaient au magasin tôt le matin et jusque tard le soir. Lorsque je les voyais, j'avais des skis aux pieds et parfois mon père chaussait les siens pour me faire descendre le mur de la « Tête aux Bœufs », extraordinaire piste bosselée qui représentait un défi à descendre pour les touristes tandis que pour moi, le challenge était plutôt situé du côté du téléski qui me soulevait à plus de deux mètres au-dessus du sol. Agrippé à la perche, je priais pour arriver au sommet ! J'étais heureux d'avoir le privilège de passer quelques heures sous le regard passionné de mes parents. Cette fois, plus de cours de tennis mais des kilomètres de domaine skiable et une poignée d'enfants de mon âge parmi lesquels les fils d'Edith et Jean Vuarnet.

Nous avions le même âge et nous faisions les quatre cents coups sur ce terrain de jeux grandeur nature. J'ai donc passé mes deux premières années de maternelle sur les pistes. Je n'ôtais mes skis que pour dormir et manger. Tous les gens qui résidaient à Avoriaz nous connaissaient, connaissaient mon prénom et veillaient pour ainsi dire sur les « gamins de la station ». Pour se déplacer, nous nous accrochions fermement aux calèches et aux traîneaux ; parfois les cochers nous lançaient un coup de fouet pour nous « décrocher » : nous lâchions prise dans un éclat de rire et attendions une autre navette... Le soir, mes parents fermaient la boutique vers vingt heures.

Un soir de grosse tempête de neige, je n'étais pas rentré. Ma mère, d'un naturel pourtant confiant, commençait à s'impatienter quand quelqu'un lui indiqua le petit cinéma de village tout proche et où il lui semblait m'avoir aperçu quelques heures plus tôt. En fait, j'avais escaladé un mur pour arriver sur le toit du cinéma. Là-haut, une espèce de bulle en plastique faisant office de plafonniers dégageait une chaleur qui avait fait fondre la neige par l'intérieur... Je ne pouvais rien voir du dessus et j'étais tombé dans le trou. Quand ma mère m'a découvert, il faisait nuit depuis un bon moment... J'étais bien sagement assis dans le creux de la bulle, attendant qu'on vienne me chercher…

J'avais cinq ans, c'était l'époque de la liberté absolue, probablement mes plus tendres souvenirs d'enfance… Et c'est aussi à cette époque que j'ai déclaré le plus sérieusement du monde à mes parents : « Je veux être le meilleur skieur du Monde ! ». C'était mon rêve de gosse... Utopique ? Toujours... Même quand l'environnement s'y prête, un rêve de gosse reste un rêve un peu fou, incongru, mais tellement réaliste dans ma petite tête blonde... Imaginez le sens que cela donnait à mes extravagances... Mes parents me regardaient avec admiration lorsque j'avais des skis aux pieds ; ce regard me faisait exister... C'est fou l'importance que nous donnons à ceux que nous considérons comme des « géants » ! Leur regard était si puissant qu'il m'a permis de me forger des ambitions !

Quand on rêve le monde...

La boutique dont mes parents s'occupaient fonctionnait plutôt bien : ma mère était une excellente commerçante ; elle avait ce petit truc en plus qui venait compléter les géniales trouvailles de son mari en matière de vêtements de sport. Mon père manifestait une sensibilité toute particulière envers les textiles : mieux que quiconque, il savait dénicher les futures marques montantes et les articles précurseurs. Pour cela, il n'hésitait pas à effectuer des allers-retours en Italie pour rapporter une marchandise de qualité. À cette époque encore plus qu'aujourd'hui, le raffinement transalpin et la capacité de production des usines installées sur l'axe Milan/Florence faisaient les beaux jours d'une mode en plein essor : le sportwear.

Deux hivers se sont écoulés, puis nous avons quitté la station d'Avoriaz pour descendre à Morzine et nous installer au Crêt, un lieu-dit réfugié au fond de la vallée de la Manche, une brèche sans issue ouverte entre les sommets de la Cornette de Nyons et le massif des Hauts Forts, une vallée ponctuée par le lac des Mines d'Or... Ce lieu magique, au printemps, transformait la palette des verts en une harmonie étonnante, son lac aux multiples miroirs reflétait les sommets et leurs névés éternels, les sapins, leurs troncs d'humus et les magnifiques fougères des sous-bois décoraient mon terrain d'aventures.

C'est à ce moment que mes parents ont créé une société de distribution afin d'installer des produits sur le marché français tels que *Tecnica*, célèbre marque de chaussures connue pour ses *Moon Boots* ou *Ellesse* pour les combinaisons, les fuseaux de ski et articles de tennis en été. L'activité de mes parents a pris une belle ampleur, mon père parcourait la France avec ses collections jusqu'au jour où ils ont décidé de trouver un lieu de vie plus central et ainsi de réduire la distance de leurs déplacements dans l'optique de développer leur équipe et de structurer leur affaire. En 1978, nous nous sommes installés à Annecy pour y implanter les entrepôts nécessaires au stockage des marchandises : j'étais âgé de huit ans. Nous habitions alors à Annecy-le-Vieux, une petite commune tranquille qui surplombait le lac. J'avais quitté sans trop d'états d'âme les sommets enneigés, mes parents m'avaient rassuré sur le fait que nous continuerions à skier très régulièrement en hiver et profiterions de la piscine et du lac en été. Nous devenions citadins mais avec des racines solidement ancrées dans l'esprit montagnard : parfois bourrus, parfois terriens mais toujours authentiques.

Annecy, entre lac et montagne

Toute ma petite enfance, j'avais baigné dans un univers magique fait de paysages blancs et de journées enchanteresses ; à notre arrivée à Annecy, j'ai découvert une école plus grande que celle de Morzine... et je crois que dès le début, j'ai confondu la salle de classe avec une piste de cirque. J'avais envie de faire rire les autres, de regarder ce qu'il se passait par la fenêtre, de penser avec une impatience non dissimulée au prochain week-end de ski...
J'étais un élève assez turbulent, dissipé, mais sympa. Pas le genre d'élément qui cherche des noises, non ; je voulais juste m'amuser ! Ma sœur était très bonne élève, moi, je mettais du temps pour apprendre et assimiler les enseignements. En réalité ma capacité de concentration était très limitée... Pourtant, j'ai eu deux maîtresses extras en CM1 et CM2, Madame Jorioz et Madame Dagan, qui étaient plutôt sévères mais très pédagogues. Mes parents ne m'ont jamais conforté dans mon comportement, ils me répétaient à la maison ce que j'entendais en classe. Pas une fois au cours de ma scolarité, je n'ai eu le sentiment que le système était injuste avec moi ; bien au contraire, je trouvais normaux et mérités les reproches que l'on m'adressait.

Ainsi, le corollaire pas de résultats à l'école, pas de félicitations à la maison ne me perturbait pas puisque je le trouvais cohérent. J'avais besoin d'être recadré régulièrement pour connaître les limites, car pour ma part, des limites, je m'en imposais très peu !

Ma mère m'a inscrit au Club des Sports d'Annecy-le-Vieux et cela a marqué le début d'un laborieux apprentissage. C'est à ce moment-là que j'ai pris conscience qu'à la différence des autres, personne ne m'avait jamais appris à skier. J'étais monté sur les planches en autodidacte et j'avais appréhendé les descentes et la technique à ma manière, c'est-à-dire de façon très instinctive, très naturelle.
Pour la première fois de ma vie, avec ce Club des Sports, on m'imposait un cadre, des règles de fonctionnement, des horaires et un formatage « technique » pour skier ; en somme, tout l'inverse du ski « libre » que j'avais connu jusque-là. Sur une journée de sortie, il y avait des slaloms, des slaloms, et encore des slaloms… Je regardais avec envie la poudreuse toute fraîche qui n'attendait que moi, mais les occasions d'y plonger, de skier sur cette épaisse neige, vierge de toute empreinte étaient hélas bien trop rares… Pourtant, par goût du ski, je suis resté dans cette structure jusqu'à mes dix ans,

âge auquel Jacques Regard, originaire de Lelex et ami d'enfance de mon père, m'a accueilli au Club de ski de La Clusaz.
Les deux années qui se sont succédées n'ont pas été très différentes : les journées étaient axées en grande partie sur les habituelles descentes de slalom. Moi qui avais dès mon plus jeune âge associé le ski au plaisir, à la fantaisie et aux sauts, ne tirais pas une immense satisfaction de ces entraînements. Au contraire, je me sentais brimé dans mon expression car les entraîneurs corrigeaient en permanence ma technique pour que je skie selon une norme : « pousse ton pied bien devant... Attention, tes bras », j'ai entendu ces remarques un nombre incalculable de fois...
Étant donné mon tempérament, je ne me laissais pas démonter pour autant... J'essayais de faire rire les autres, d'apporter ma touche de folie pour égayer la rigueur de ces moments mais ça n'avait pas l'air d'amuser le personnel d'encadrement qui, assez régulièrement, me désignait d'astreinte : nettoyer le local du Club des sports. Je me souviens avoir balayé ce hall des dizaines de fois, mais je m'en fichais ; après tout, j'étais content de moi si j'avais rigolé et amusé la galerie et passé un bon moment.

Un gosse qui rêve...

Des courses étaient organisées tout au long de l'hiver et réunissaient les enfants du même âge de toute la région. Certains parents venaient constater les progrès de leur skieur en herbe. Un jour, ma mère est venue assister à une Mini Coupe des Aravis qui se tenait à La Clusaz. La journée commençait vers huit heures, heure à laquelle nous arrivions au club pour récupérer les skis de course. Le voile sombre de la nuit venait de se retirer pour laisser place aux sommets fraîchement recouverts d'une belle couche de neige. Les nuages s'étaient peu à peu dissipés pour laisser place à quelques fusées lumineuses qui perçaient le ciel entre les aiguilles de la Chaîne des Aravis. Encore humide, l'air nous pinçait le bout du nez et brûlait nos pommettes durant la montée en télésiège. Arrivés sur le stade de compétition, les entraîneurs du club des sports s'affairaient à l'organisation de la course, nous laissant ainsi une parcelle d'autonomie qui sonnait très clairement à mes oreilles : LIBERTÉ ! En guise d'échauffement avant la course, j'avais décidé de skier un peu en dehors du stade de slalom. Maman discutait avec d'autres parents dans l'aire d'arrivée. J'ai embarqué un copain avec moi vers la poudreuse et on a commencé à skier, tous les deux.

Quand on rêve le monde...

C'était extra : plus nous avancions, meilleure était la neige, on s'enthousiasmait, on s'amusait comme des fous, tant et si bien qu'au bout de quelques virages la course nous est complètement sortie de la tête !
Quand nous sommes enfin revenus vers la piste où étaient censées se dérouler les épreuves, il n'y avait plus un piquet et plus personne, hormis l'entraîneur furieux et ma mère... La course était terminée depuis longtemps. Quelle heure était-il ? Je ne n'en savais rien. La seule chose dont je me souvienne, c'est que cette escapade avait été trop courte à mon goût... Ma mère, pour faire bonne figure m'a passé un « petit savon » sous l'œil satisfait de l'entraîneur, plus pour la forme, mais au fond, elle était contente de voir mon visage fendu d'un immense sourire et les yeux rassasiés de bonheur. Nous y reviendrons plus tard, mais cette notion de plaisir est justement un des piliers fondamentaux de ma conception du ski et plus largement, de ma conception de la vie. J'étais fou de bonheur, c'était la première fois en deux ans que je retrouvais intactes les sensations de liberté que j'avais éprouvées du temps de ma petite enfance, à Morzine et Avoriaz. Et rien, pas même la corvée de balayage du soir-même, n'a terni le souvenir de cette virée sur les pistes.

Un gosse qui rêve...

À l'âge de onze ans, j'ai intégré le collège des Barattes, à Annecy-le-Vieux avec une année de retard, j'avais redoublé le CM2 et me retrouvais dans la même classe que ma sœur. Nous étions indépendants de caractère mais toujours très proches, partageant les mêmes leçons, les mêmes amis, les mêmes sports.

Hormis l'éducation physique, j'aimais les langues que l'on nous enseignait : l'anglais et l'italien ; mais j'étais toujours fâché avec le reste. Les profs considéraient que je n'étais pas très « cartésien » et que le système scolaire privilégiait justement le développement de l'intelligence rationnelle. Mes parents avaient recruté une personne qui venait à domicile pour du soutien scolaire en maths : sa manière de m'expliquer à nouveau les leçons m'a réconcilié avec les équations. Elle avait réussi à trouver des subterfuges pour capter mon attention et me faire digérer les notions que je n'avais jamais réussi à comprendre. Du coup, tout m'est paru plus lumineux, digne d'intérêt, et même amusant. Je tirais du plaisir à me pencher sur ces équations et, ô surprise, je devenais capable de les résoudre !

Quand on rêve le monde...

Côté montagne, après deux années laborieuses qui se terminaient chaque fois sur une blessure, j'avais décidé d'arrêter le ski alpin. Jacques Regard, qui dirigeait le Club des Sports, a proposé que l'on me change de groupe pour que j'intègre la section de ski acrobatique. Les entraîneurs pensaient que je n'étais pas fait pour slalomer toute la journée entre des piquets car je n'avais pas développé de fondamentaux techniques. Je sais aujourd'hui que si l'on m'avait permis de skier à ma manière, j'aurais pu exceller dans ce domaine aussi. Mais je n'arrivais définitivement pas à me couler dans un moule qui détectait à tout prix des champions prématurés. J'étais un skieur instinctif et l'instinct ne se confine pas dans un moule : l'instinct, c'est l'auréole de l'artiste. La quête du chrono et de la performance : ce n'était pas pour moi. Mon facteur-clé de réussite était la quête du plaisir et j'en étais déjà intimement convaincu.

Début des acrobaties

À l'époque, le ski acrobatique était considéré comme une « voie de garage » ; sauf pour moi qui ai immédiatement vu là une possibilité de me faire enfin plaisir, car je voulais vraiment skier dans toutes les neiges, sur toutes les pentes, par tous les temps, j'adorais ça ! Je ne l'ai jamais non plus envisagé comme une « sous-discipline » et si cela avait été le cas, je n'aurais jamais enclenché une spirale aussi positive.

Le premier jour d'entraînement, j'ai déboulé au Club des Sports à huit heures trente précises, comme d'habitude. Au fond du hall, il y avait deux portes qui chacune ouvrait sur un local. À gauche, celui des coureurs alpins que je connaissais bien : beau, propre,les affaires bien rangées, skis bien alignés ; et puis à droite, le local du ski acrobatique, plus petit, complètement bordélique, avec du matériel épars, des skis fluos, de la couleur, des autocollants partout. J'ai immédiatement adoré cette atmosphère, elle me collait à merveille !
Mon nouvel entraîneur s'appelait Thierry Verhnes. Il avait en charge une trentaine de gamins. Le premier jour où j'ai participé à l'entraînement, on a skié toute

la journée, sans interruption. Les uns après les autres, on enchaînait les portions dans la poudreuse, les petits chemins en forêt, les bosses, les pistes, nous allions construire des tremplins en dehors du domaine skiable là où la neige était encore vierge et nous nous essayions à de nouvelles figures ! De retour de cette fabuleuse journée, j'étais enchanté. Je me retrouvais dans la même configuration qu'à Avoriaz sauf que là, j'étais encadré par un professionnel. Dans le groupe se trouvait Raphaëlle Monod, qui allait devenir par la suite une très grande championne. On était tous bluffés : cette fille skiait de manière éclatante et son style était déjà très prometteur. Il y avait également d'autres gars d'Annecy et très vite, je me suis constitué un nouveau groupe d'amis avec qui partager mes hivers et mes étés sur les bords du lac.

Mes premières courses n'ont pas été trop mauvaises ; gamin, j'avais appris à skier les pieds serrés et c'était parfait pour se faufiler dans les bosses. Au bout de quelques semaines, non seulement c'était l'« éclate totale », mais je m'améliorais rapidement : les résultats étaient probants, ils parlaient pour moi. Le rythme des compétitions départementales, régionales, est devenu de plus en plus soutenu, ce n'était pas pour me déplaire...

Un gosse qui rêve...

Deux années plus tard, j'ai eu quatorze ans et j'étais devenu un skieur parmi les meilleurs de ma génération dans la catégorie ski de bosses. Thierry Verhnes qui avait su faire progresser son groupe de skieurs a été promu entraîneur des Équipes de France Espoir. Et naturellement, il comptait sur moi pour construire le groupe Junior qu'il emmènerait l'année suivante en Coupe d'Europe. Mais il fallait convaincre mes parents de faire ce choix..

C'est arrivé un soir, j'étais dans ma chambre lorsque mon père, en rentrant du boulot, m'a appelé pour que je descende le rejoindre ; il avait deux mots à me dire... Je me trouvais au milieu de l'escalier lorsqu'il a déclaré de but en blanc : « Edgar, il faut que tu fasses un choix entre le ski et les études... ».
Mon rêve de gosse m'est immédiatement revenu à l'esprit et je lui ai répondu : « mais Papa, le ski bien sûr !... ».
Mon père n'étant pas d'une nature très loquace, n'a eu qu'une phrase avant de conclure la discussion : « d'accord Edgar, mais tu as intérêt à réussir car à tes dix-huit ans, on te fout dehors ».
Je ne lui ai rien répondu et j'ai remonté quatre à quatre les quelques marches qui me séparaient de ma

chambre. Je me suis étendu sur mon lit, tout de même un peu angoissé par le défi que je venais d'engager. Je me disais, dix-huit ans, le meilleur skieur de bosses du monde ! Waouh !...

Seul dans ma chambre, j'étais partagé entre l'enthousiasme de voir se dessiner la vie dont je rêvais et une trouille démesurée. Tout fusait à une vitesse vertigineuse dans mon esprit. Je me rendais compte à ce moment-même que plutôt que de me laisser m'ennuyer sur les bancs de l'école et ne pas mettre à profit mon énergie, mes parents me proposaient de faire un « choix de vie », le choix de ma propre vie. Quelle pouvait être la confiance qu'il me portaient pour me laisser décider ? Énorme !... Et cette confiance m'a renforcé car j'ai pris conscience à ce moment-là que s'ils me laissaient faire du ski, c'est qu'ils savaient que j'allais réussir. Comment imaginer des parents qui laissent leurs enfants aller dans le mur ? Non, impossible... Mes parents croient en mes chances, ils viennent de me le prouver. Alors je peux y croire aussi ! Et ce n'est pas un euphémisme.

Puisque la suite le prouvera.

J'avais quatorze ans et je commençais à mesurer la signification du mot « confiance ».

Parmi mes amis, certains désiraient faire de la compétition de ski également. Mais ce qui était marquant pour moi, c'était de voir la réaction de leurs parents. « Ce n'est pas un métier », « Tu peux te faire mal », « Si tu crois qu'il y aura de la place pour toi sur le podium »... Voilà le genre de réflexions que j'entendais parfois lorsqu'ils s'adressaient à leur progéniture...
J'étais désolé pour eux et en même temps ravi d'avoir des parents qui ne m'avaient jamais transmis ni leurs doutes ni leurs peurs. Au contraire, ils avaient toujours su regarder le côté positif des choses. Ma mère avait envisagé un plan B en cas d'insuccès et mon père était plutôt lucide ; il m'a avoué récemment que de toute façon, je n'étais pas une perte pour la science ! Ils avaient des doutes, bien évidemment, quant à mes chances de réussir dans un sport qui était à l'époque bien loin d'être reconnu par les grandes Fédérations Internationales ou le Comité Olympique mais ils savaient pertinemment ce qui me rendait heureux. En revanche, ils n'ont pas hésité à mettre la barre très haut parce qu'ils savaient que là où je prenais du plaisir, il y avait une chance que je puisse exceller.

Cet événement déclencheur me fait dire aujourd'hui que lorsqu'il y a un choix important à faire dans la vie,

la passion prime sur la raison, toujours. Mon père me disait souvent que si je voulais réussir en ski acrobatique, il fallait que je sois le premier car dans des sports mineurs comme ceux-ci, seuls les premiers pouvaient espérer une certaine reconnaissance. Les autres, ils étaient laissés pour compte.
Le pari était risqué.

Petit à petit, l'euphorie et la peur m'ont quitté pour laisser place à un nouvel état d'esprit : je devenais *responsable* de ma vie, de moi-même, de mes résultats. Mes parents avaient confiance en moi, preuve en était qu'ils me laissaient faire un choix majeur dans ma vie, je pouvais donc me faire confiance...

En classe, je n'ai pas arrêté pour autant de remplir mes fonctions de troublion, je me sentais investi du devoir de faire rire les autres. Mes convocations chez la conseillère principale d'éducation étaient devenues si fréquentes qu'elle m'a un jour demandé sur un ton manifestement condescendant :

- Mon pauvre Grospiron… Qu'est-ce que vous allez devenir ?
- Madame, je vais faire du ski !

- Et vous croyez que vous allez vous en sortir avec le ski ?
- Bien sûr.

Je ne voulais absolument pas paraître arrogant, juste lui faire comprendre que le ski était pour moi une *évidence.* Je n'ai jamais eu peur de l'avenir ; déjà à cette époque, je me disais : « Au pire, je serai moniteur de ski, au mieux, champion du monde ! ».
Et la vie continuait.

Il y a une constante chez tous les champions et aventuriers que j'ai rencontrés : ils ont tous un plan B, une bouée de sauvetage à laquelle ils peuvent se raccrocher au cas où ils ne réussissent pas à réaliser leur rêve. Cette notion est fondamentale car elle libère celui qui veut entreprendre de la peur et de ce que lui réserve la vie en cas d'échec.

Mes parents et moi avons convenu que l'échéance de la préparation de ma carrière sportive serait celle de ma majorité. En discutant avec ma mère, nous étions tombés d'accord sur l'idée que dans le pire des cas, je deviendrais moniteur de ski ou bien gérant d'un magasin, ce qui nous permit d'organiser des études en fonction. Le choix du cursus scolaire s'est clarifié : nous étions d'accord pour que je fasse un cycle court tel qu'un B.E.P. en commerce, vente ou comptabilité après la 3ème et que nous aménagerions en fonction de mes absences hivernales. Mais nous étions fermement convaincus que plus j'allais tenter ma chance en ski, plus je serais à même d'être à la hauteur de mon ambition.

Pour ma famille, le sport était une école de la vie comme une autre. Une école où l'on apprend la rigueur et la discipline. Il y a de la joie, de l'émulation, de la peine aussi, on apprend beaucoup sur soi. On entrevoit nos limites et on cherche à les dépasser. Le sport est une école pour le mental plus que pour l'intellect. C'est un monde ouvert sur le monde, un microcosme fait de voyages, d'échanges, d'intégrations de cultures différentes.

Le sport est riche d'enseignements et rend riche de convictions. Le savoir que l'on y développe n'est ni mathématique, ni chimique, ni même littéraire. Mais ce n'est pas grave car on peut apprendre à tous les âges les matières enseignées à l'école. Par contre, le sport de compétition ne se pratique quasiment plus après trente ans. Il faut donc saisir sa chance au début de sa vie et user de ce précieux temps pour devenir un homme.

Alors d'un commun accord, les choses sérieuses ont donc commencé ; mon rêve de gosse était devenu un projet de vie.

II
Le rêve devient projet

J'ai terminé mon année de 3ème au collège situé à quelques centaines de mètres de la maison, mais, depuis cette discussion avec mes parents, la priorité était désormais donnée au ski. Ma mère s'est renseignée sur les diverses opportunités pour moi de terminer un cycle scolaire en bénéficiant d'un emploi du temps aménagé pour ma discipline.
Au pied de Chamonix, la structure sport/études du lycée du Fayet accueillait bon nombre de skieurs, mais nous avons pensé que plus court et plus professionnalisant serait mon cursus, mieux cela serait pour ma carrière

en ski. Nous avions fait un choix qui visait à miser sur le ski en priorité. Mes parents sont allés au bout de leur engagement. Cet exemple fut pour moi déterminant car j'avais ancré cette notion d'engagement au plus profond de mon être. Aller jusqu'au bout de mes idées, m'impliquer dans mes choix en gardant toujours l'objectif en ligne de mire est devenu un principe.

Ainsi, j'ai intégré une filière de BEP (Brevet d'Études Professionnelles) options commerce, vente et comptabilité au LEP (Lycée d'Études Professionnelles) des Bressis à Annecy. Au préalable, mes parents avaient rencontré le Directeur de cet établissement ; celui-ci avait accepté que je valide mon diplôme en trois ans au lieu de deux et que je m'absente lorsque les courses auraient lieu. J'aime à croire que lorsque notre projet est clair, que nos décisions sont fermes, chaque acteur participe à notre propre réussite.

Le rythme a donc commencé.

Étrangement, ma conception de la vie scolaire avait infléchi de manière positive : j'étais plus calme, je travaillais plus efficacement. Je me concentrais mieux aussi. Les choses prenaient un sens nouveau. Je n'étais plus tiraillé entre deux mondes puisque la priorité était donnée au ski.

Le rêve devient projet

L’année de mes seize ans, j’ai rejoint l’Équipe de France Espoir et j’ai gagné la Coupe d’Europe à l’occasion d’une finale en Finlande. Pour la première fois, je me retrouvais à plus de mille kilomètres de chez moi, logé dans une cahute en rondin perchée sur le cercle polaire arctique à manger du renne bouilli et des patates à l’eau durant une semaine !... La saison suivante, en 1987, l’emploi du temps est devenu encore plus soutenu : je partais beaucoup, trois semaines sur quatre en moyenne, de décembre à mars. J’essayais de tenir le coup, mais j’accusais un gros retard... Après deux années de ce rythme délicat, j’ai laissé tomber ma formation professionnelle pour suivre les entraînements à Évian en vue de concourir sur le circuit de la Coupe du Monde en Équipe de France B. Au même moment, le Club de Sport de la Clusaz a monté un sport/études par le biais du CNED, c’est-à-dire du Centre National d’Études à Distance. Là non plus, après deux années de cours par correspondance, l’expérience n’a pas été concluante : j’ai finalement abandonné les études pour me consacrer exclusivement à la compétition. Suivre une formation et être sportif de haut niveau n’était plus du tout envisageable dans mon cas. Ce n’était pas faute d’avoir essayé... J’avais choisi de tracer ma propre route ; il fallait maintenant mettre toutes les chances de mon côté : le ski avant tout.

D'autant que Nano Pourtier, le Directeur des Équipes de France de Ski Acrobatique avait depuis peu un œil sur moi...

Entretien avec Nano Pourtier

À l'époque, j'étais Responsable des Équipes de France de ski et de passage à la Pro/amateur, aux Deux-Alpes. On m'avait dit : « tu verras, y a un petit jeune de la Clusaz, Edgar Grospiron, un peu mariol, mais il va pas mal ».

Edgar avait quatorze ans.
Pendant l'entraînement, il a fait un passage vraiment intéressant : il aurait fallu avoir des œillères pour ne pas voir le potentiel de ce gamin.
Ce qui m'avait vraiment marqué ce jour-là, c'est qu'il n'avait pas gagné, mais il avait l'air de s'être vraiment amusé. Il n'avait pas tant pensé à la compétition pure, mais avait appréhendé sa journée comme une opportunité d'exprimer sa façon de skier.
Cette approche – le plaisir avant tout plutôt que le résultat à tout prix – me semblait, en tant qu'entraîneur,

la meilleure à adopter puisque les résultats ne pouvaient pas venir immédiatement : les jeunes n'avaient ni l'expérience, ni la technique, ni le physique. Il leur manquait beaucoup de choses, mais cela était normal à leurs âges.

Le potentiel détecté chez Edgar se manifestait par sa façon de s'exprimer sur la neige, par sa technique de base et par sa prise de risque qui n'était pas irraisonnée parce qu'elle était en adéquation avec ses capacités physiques et techniques. Et surtout, surtout, Edgar prenait tout cela comme un jeu. Pour aller plus loin dans l'image, ma fonction s'assimilait à celle d'un maquignon : à force de leur regarder les « dents » et les « sabots », j'avais développé une forte acuité pour reconnaître les bons éléments. Le mental était fondamental : quand au bout d'une heure et demie, l'un d'entre eux me demandait s'il pouvait rentrer chez lui au chaud, Edgar, lui, déboulait en m'apostrophant : « Nano, quand est-ce qu'on attaque les bosses, les pistes, la poudreuse ?! ».
Lorsqu'un jeune me paraissait intéressant à l'aune de tous les paramètres précédemment cités, je décidais de le prendre dans mes équipes pour le cadrer, le structurer et dégrossir son ski. Edgar avait cette faculté unique de ne pas tenir compte des enjeux, de lâcher

prise sur les résultats. Je lui demandais avant tout de s'exprimer sur la neige et il n'est pas rare qu'à maintes reprises, pendant des courses sur le circuit Coupe du Monde, il aille se fracasser contre la porte d'arrivée : je trouvais cela fabuleux !

Au moment où j'ai rencontré Nano, celui-ci avait déjà été trois fois Champion du Monde de ski de bosses, mais je ne le connaissais pas. Après m'avoir regardé descendre, Nano s'est entretenu avec Thierry Verhnes. J'ignore ce qu'ils se sont dits exactement ce jour-là, mais la suite s'est déroulée en ma faveur : j'ai continué ma discipline sous l'œil de Nano.

Nano Pourtier a fait de moi un compétiteur. Autant mes parents m'ont permis de tracer ma route et renforcer ma confiance, autant Thierry m'a transmis la philosophie de ce sport, autant Nano a eu un rôle prépondérant à un moment où je devais sortir du cadre d'une vie d'adolescent relativement « classique » pour entrer dans l'univers du sport de haut niveau. Il a su envisager ma progression sur plusieurs années pour me construire une puissance physique, une qualité technique, un équilibre mental et émotionnel de premier plan. Pour cela, il avait un niveau d'exigence vis-à-vis de nous qui était à la hauteur de celui qu'il avait vis-à-vis de lui-même. Ce qui m'a toujours marqué chez Nano, c'est sa capacité à monter l'exemple. Il a sacrifié beaucoup sur le plan personnel pour ses équipes mais avec lui, nous avions les moyens de nos ambitions. Motivé par les résultats, il tirait des performances de ses équipes une reconnaissance incroyable qui lui donnait envie d'aller chaque fois plus loin, un véritable nivellement par le haut. Cette reconnaissance était un juste retour du sens qu'il donnait à son métier. Il nous disait que le premier résultat qu'il attendait en faisant son métier était de structurer des personnalités. Le second était de nous botter les fesses pour nous faire monter sur les plus hautes marches des podiums !

Au mois de décembre 1986, à l'issue des deux Coupes du Monde de Tignes, une sélection a été mise en place pour savoir qui, des groupes A et B des Équipes de France dirigées par Nano, allait partir aux États-Unis sur le circuit Coupe du Monde. J'étais dans le groupe B et mes résultats prometteurs du début de saison me laissaient entrevoir de bonnes probabilités de faire partie du groupe.

Quand on rêve le monde...

Le soir, Nano nous a réunis et a égrené les noms de ceux qui avaient été retenus. À ma grande stupéfaction, je n'étais pas sur la liste. Après la réunion, je me suis approché de Nano qui m'a expliqué que j'étais trop jeune et qu'il préférait que je me « fasse les dents » sur le circuit Coupe d'Europe pendant encore une saison. J'étais immensément déçu, je ne comprenais pas pourquoi je n'étais pas sélectionné alors que j'étais persuadé d'avoir le niveau requis. Sur le coup, j'étais très en colère... Je suis retourné dans ma chambre en jurant de lui faire regretter son choix. Nano voulait de cette manière me tenir en tension et jouer avec mon orgueil. Il a effectivement vu juste puisque je n'ai eu plus qu'une idée en tête : lui prouver que j'étais à la hauteur de ce qu'il exigeait de moi.

Le choix de Nano s'est révélé être un véritable moteur : je lui ai donné rendez-vous pour la finale de la Coupe du Monde qui se déroulait trois mois plus tard, justement à La Clusaz ; je voulais à tout prix lui démontrer que, même s'il ne m'avait pas sélectionné pour concourir sur le circuit aux États-Unis, je serais capable de le surprendre sur cette course décisive. En attendant, j'ai passé une saison de plus sur la Coupe d'Europe dont une semaine supplémentaire à manger du renne bouilli et des patates à l'eau... Je peux vous affirmer que ça motive pour aller sur la Coupe du Monde !

Le rêve devient projet

La Clusaz, 16 mars 1987 : j'ai obtenu le meilleur résultat du camp tricolore en décrochant la deuxième place de la finale de la Coupe du Monde !

C'est de là que tout est parti : une super ambiance, la création du fan-club, bref, une pluralité d'énergies positives qui ont marqué un tournant dans mon parcours sportif. Nano m'a gratifié d'un « tu n'aurais jamais fait ce résultat si je t'avais emmené aux États-Unis » ; et moi, « je l'aurais fait bien avant ! ». On était vraiment contents tous les deux, mes parents aussi. C'était aussi symbolique que de leur dire : « Vous voyez, vous m'avez fait confiance, ça va marcher ! ».
Mes parents ont toujours cherché des solutions pour que les choses se passent bien. C'étaient des gens humbles qui maintenaient intact mon rapport à la réalité. Ils avaient peur pour moi, bien sûr, peur d'une éventuelle blessure, peur de l'échec, peur de ce que j'allais faire de ma vie si ça ne fonctionnait pas ; mais ils ne me l'ont jamais fait ressentir, ni peser. Ils ont toujours eu l'intelligence de rester à leur place, ils n'ont jamais empiété sur le terrain de Nano. Un parent n'est pas un entraîneur, encore moins un coach. Chacun était à sa place, cela favorisait mon équilibre personnel.

Quand on rêve le monde...

Nano aime les gens ambitieux, il m'a pris sous son aile.

Mais attention, quand Nano prend quelqu'un sous son aile, ce n'est pas pour lui faciliter la tâche. Il est autoritaire, son niveau d'exigence est monstrueux. J'ai été entouré de professionnels durs mais justes, des vrais meneurs d'hommes. Philippe Bron, mon deuxième entraîneur, était bourru, mais très attachant, un dur au cœur tendre. J'ai fait sa connaissance à Tignes trois ans auparavant, à l'occasion des premiers Championnats du Monde de la discipline. Un grand moment pour le sport et un immense souvenir pour moi. J'étais invité à « ouvrir » la course, un passage de démonstration en quelque sorte.

La veille de la course, pour la première fois, j'ai eu l'autorisation de voir le kiné de l'équipe A. Sur la table de massage, Philippe Bron était étendu, à plat ventre. Ses lombaires, saillantes, étaient énormes. J'ai salué le kiné, puis Philippe. Il a levé les yeux sur moi, un regard froid m'a glacé le sang, et m'a rendu la pareille d'un « mouais... » dubitatif, du bout des lèvres. J'avais la gorge nouée, j'étais sacrément impressionné.

Bienvenue dans le monde de la compétition de haut niveau !

Je ne le savais pas encore, mais trois ans plus tard,

en 1989, Philippe Bron allait devenir mon coach et ce jusqu'à la fin de ma carrière. Bron, c'est le mec le plus attachant de la planète. Un cœur tendre qu'il protège d'une cuirasse souvent trop lourde à porter. Ce bonhomme avait l'œil et la sensibilité à fleur de peau, ce qui lui conférait un sixième sens pour percevoir ce dont nous avions besoin...

La saison 1988 fut très bonne pour moi. J'ai d'emblée gagné ma sélection pour les États-Unis. Mais l'enjeu majeur de la saison était de gagner une place pour les Jeux de Calgary où le ski de bosses officiait pour la première fois en tant que discipline de démonstration. Pour être sélectionné, la tâche était presque impossible : la France disposait de trois places alors qu'il y avait six prétendants bien mieux placés que moi. Avant cela, il y avait quatre courses aux USA et deux au Japon. Les quatre courses aux États-Unis m'ont placé aux avant-postes de la garde française, mais le retard à combler était encore très important. J'ai tout de même gagné ma sélection pour deux courses au Japon, deux podiums qui m'ont permis d'accrocher in extremis ma sélection pour les Jeux !
Après chaque course, je disais à Nano, « tu vas être obligé de me sélectionner !... ». Il me répondait que

j'avais de la chance qu'il ne prenne pas le départ, sinon, je serais derrière lui... Jusqu'au dernier jour, il n'a pas divulgué d'information au sujet de la sélection. Alors quand j'ai appris que j'étais retenu, j'ai éclaté de joie !

L'arrivée à Calgary n'a pas été simple. Nous étions logés dans une grande tour d'université. Cela faisait presque trois mois que j'étais loin de ma famille. Tous les jours, pour aller rejoindre la piste d'entraînement, nous étions contraints de faire deux heures de bus aller et deux heures de bus retour. On skiait de dix heures à douze heures, puis de nouveau un peu l'après-midi. Le thermomètre descendait aisément à -30 C°, tandis que le chinook, un vent glacial, balayait le grand nord canadien. Le mur de bosses était impraticable, un terrain qui s'apparentait plus à une surface de carrelage mal posé qu'à une piste digne de ce nom.

Pour trente secondes de descente, nous devions supporter vingt minutes de télésiège : un vrai supplice. Dans cet environnement hostile, Nano était ultra exigeant, il ne cessait de programmer des séances de travail dans ces conditions infernales, de nous pousser à améliorer notre technique. La fatigue et la souffrance avaient grignoté mon capital motivation jusqu'à le rendre quasi inexistant. Un matin, énervé, épuisé, j'ai jeté mes skis par terre et j'ai engueulé Nano. Lui, imperturbable, n'a pas bronché : « tu y retournes ».

Je ne savais pas à qui j'en voulais mais j'étais fâché contre la terre entière. Mes parents m'ont fait la surprise de venir me retrouver. J'étais fou de joie de les revoir ! La veille de la course, Nano nous a donné quartier libre. Mon père avait loué une voiture pour la journée et nous sommes allés faire un tour dans les contreforts des Rocheuses Canadiennes. À Lake Louise, nous sommes rentrés dans le Château, un édifice qui surplombait un panorama époustouflant composé d'un immense lac dominé par les falaises en granit, à la manière d'un accordéon montagneux. Nous avons discuté de tout et de rien, nous nous sommes promenés dans les rues de Banff, un village aux arômes de trappeurs. En contrebas de ces routes à plusieurs voies qui traversaient l'Amérique du nord de Vancouver à Anchorage en Alaska en passant par Whitehorse dans le Yukon, j'étais comme dans un roman de Jack London, admirant les caribous se déplacer avec lenteur et majesté, levant les yeux au ciel pour apercevoir des rapaces aux envergures phénoménales qui planaient sur les forêts de cèdres rouges aux diamètres démesurés. Je n'ai pas pensé une fois à la course au cours de la journée. Je suis rentré me coucher apaisé et calme. Ce moment avec mon père avait permis de désacraliser l'enjeu de la course à venir et d'oublier la dizaine de jours qui venaient de s'écouler.

Le lendemain matin, Nano est venu me réveiller à cinq heures.
J'avais dormi comme un bébé. Nano a fait sa tournée des chambres pour réveiller ses coureurs. Il lui a fallu plusieurs tentatives avant que je n'ouvre les yeux... « Allez ! debout Edgar ! C'est la course aujourd'hui... ». Et moi de répondre, les yeux englués par le sommeil : « Quoi... quelle course ?... ». « Les Jeux Olympiques !!! ». Très vite, j'ai émergé de mon lit et me suis levé, l'esprit serein, léger. J'étais bien, d'excellente humeur. Je me suis rendormi durant le trajet, deux heures de bus pour rêver à la journée idéale. Vers sept heures trente du matin, nous sommes arrivés aux abords de la piste, le site était encore désert de spectateurs ; seuls les membres de l'organisation et quelques bénévoles étaient déjà à pied d'œuvre.
L'ambiance semblait prometteuse.
Je pressentais une formidable journée.

Le rêve devient projet

Porté par cette atmosphère, rasséréné par la présence de mes parents, heureux de voir l'heure de la course arriver, je suis entré dans ma bulle de concentration. Un moment rare durant lequel j'avais l'impression d'être protégé des événements extérieurs que je vivais d'ailleurs avec recul, comme détaché. Seul comptait l'objectif que j'avais à atteindre, tout le reste semblait secondaire à ce moment-là. Mon esprit était parfaitement centré sur chaque geste que j'exécutais, avec méthode et séquencement. Le temps n'avait plus de prise sur quoi que ce soit, je vivais au ralenti, je *me* vivais au ralenti. Puis, petit à petit, je rentre dans la course. Ma stratégie est claire et mon parcours parfaitement mémorisé. Il me reste à piloter ma descente, focalisé sur l'essentiel. En ski de bosses, la première chose que l'on vous dit, c'est de mettre les deux bras devant. Nano me le répète au talkie-walkie lorsque je me retrouve dans le portillon. Le décompte du starter résonne à mes oreilles, j'ouvre le portillon de départ et me lance sur cette pente verticale, glacée et pourtant je maîtrise ma vitesse et mes équilibres. Mes mains sont bien en place, je déroule la stratégie travaillée à l'entraînement. Le travail, si pénible fût-il, paye. Après vingt-cinq secondes de course, il me reste un saut à passer avant de foncer vers la ligne d'arrivée. Je

veux montrer aux Américains de quoi je suis capable ; je m'élance pour un « bronco », c'est-à-dire 360° de rotation sur moi-même avec un saut écart, dos à la piste. Un vrai show ! Les Américains sont subjugués ! Nano ressent la satisfaction du devoir accompli.
Dans l'aire d'arrivée, le public est en liesse.
C'est à cause des applaudissements assourdissants que je me suis rendu compte que jamais nous n'avions déplacé autant de monde sur une course de ski de bosses. J'ai levé mon bâton en l'air et j'ai dirigé les acclamations, à la manière d'un chef d'orchestre. Les gens en redemandaient, c'était un moment extraordinaire ! Mes parents étaient très impressionnés. Les cris ont repris de plus belle : l'interactivité avec ce public était fascinante, à tel point qu'elle a perturbé et retardé le passage du skieur qui venait après moi ! J'avais l'impression d'être au centre d'une arène et j'adorais ça. Pour couronner le tout, j'ai décroché le bronze. Pas mal du tout !

Cette performance a permis d'alimenter un peu plus mon capital confiance.
Comme tout le monde, j'avais des doutes. Et lorsque la pression se faisait plus grande, les doutes se faisaient plus tenaces. La confiance me permettait d'éloigner les

doutes de façon redoutable. Je la considérais comme un relais, un puissant moyen qui me permettait de pouvoir compter sur moi, quelles que soient les perspectives. J'ai beaucoup lutté pour occulter les doutes de mon esprit et cela me prenait beaucoup d'énergie. Jusqu'au jour où je me suis rendu à l'évidence : je ne pouvais mesurer ma confiance si je n'avais pas d'incertitudes... Petit à petit, je me suis habitué à en avoir. J'ai combattu leurs effets, les angoisses et les peurs. Souvent je me disais : « et si demain tu te plantes ? ». Pour croire à cela, mes réponses étaient les plus claires et les plus simples possibles : « Tu n'es pas demain. Tu es aujourd'hui et il te reste encore du chemin et des réglages à peaufiner pour être prêt demain. Alors concentre-toi sur ça plutôt que sur tes angoisses... ». Ce que j'en retire aujourd'hui, c'est qu'il est infiniment plus difficile de vivre engoncé dans ses angoisses plutôt que de les affronter. Et pourtant, combien de gens refusent de passer à l'action ? Combien de gens restent cloués au pilori par leurs doutes plutôt que d'aller se confronter à ce qu'ils considèrent comme un obstacle infranchissable que d'autres franchissent avec élégance ?

En amont de cette course, lors des entraînements, comme je l'ai expliqué précédemment, les conditions avaient été très éprouvantes. Nano était dur sur la piste, mais quand nous retournions dans le car, à la fin de la journée, il venait me voir pour discuter de la journée ; ce qui avait été positif et ce qui avait été négatif. Je vidais mon sac et Nano m'écoutait. Le fait de le dire m'aidait déjà à me sentir mieux. Au fur et à mesure, j'avais pris conscience que oui, c'était dur, mais que j'apprenais beaucoup. Nous savions tous les deux faire la part des choses : le travail et la vie après le travail. Il fallait savoir débrancher car nous faisions partie d'une entité, une Équipe de France qui vivait ensemble vingt-quatre heures sur vingt-quatre, dix mois sur douze. Nous partagions les mêmes hôtels, la même table matin, midi et soir. Nous voyagions ensemble et portions les sacs des uns des autres. Adversaires sur la piste, nous étions solidaires dans la vie. Nano avait la charge de faire respecter des règles, les mêmes pour tout le monde. Dans ma tête d'ado, je lui accordais le droit d'être exigeant avec moi parce que derrière, je savais qu'il prendrait le temps de m'écouter. Plus il apportait, plus il avait de légitimité à exiger. S'il avait été uniquement dans l'exigence, cela n'aurait certainement pas fonctionné car j'avais également besoin qu'il m'écoute, qu'il tienne compte de mes soucis. Je ne lui demandais pas qu'il résolve mes problèmes mais simplement qu'il me prête une oreille attentive. C'était un mélange de fermeté et de disponibilité. Deux paramètres qui, pris individuellement, n'auraient pas engendré une telle qualité dans nos rapports humains.

À partir de Calgary, je suis définitivement entré sur le circuit Coupe du Monde. La part de découverte qui incombait à notre quotidien était très appréciable : je voyageais aux quatre coins de la Terre aux États-Unis, au Canada, au Japon et en Europe et en Scandinavie où je retrouvais, une fois de plus, mon renne bouilli et mes patates à l'eau... J'avais dix-huit ans et je mesurais ma chance de pouvoir parcourir le monde grâce au sport. J'étais autant centré sur le fait de gagner que de m'émerveiller à chaque nouvelle destination. Petit à petit, les paysages, les cultures, la diversité des peuples devenaient secondaires. Je me concentrais davantage sur la course. Il fallait annihiler cette tendance à l'éparpillement pour devenir un vrai athlète, consciencieux et détaché.
Et surtout, raisonnable car pour moi qui recherchais le plaisir dans tout ce que j'entreprenais, il me fallait développer une approche centrée sur la performance si je voulais réussir durablement.

Quand on rêve le monde...

J'étais avide de victoires, mon rêve était en passe de se réaliser.
La finale de la saison 1988 se tenait en Norvège, à Voss. Elle revêtait pour moi une importance capitale car, après dix compétitions, je pouvais remporter le classement général de la Coupe du Monde de bosses ; un rêve pour mes dix-huit ans que de ramener à la maison un titre de numéro un mondial. Quarante-huit heures avant le départ de la course, je suis tombé malade. Nous étions logés dans un patelin, plutôt excentré des commodités. J'étais cloué au lit, ravagé par la fièvre, transpirant. Le staff médical de l'équipe de France se limitait à un seul médecin dont le cabinet était situé à Grenoble. J'ai appelé le docteur, qui, au téléphone, a été très clair avec moi : les seuls médicaments pouvant me permettre de prendre part à la compétition étaient inscrits sur la liste des produits interdits, je prenais donc le risque d'être contrôlé positif à un éventuel test antidopage. L'enjeu élevé de la compétition compliquait mon choix. Si je ne participais pas, je réduisais mon rêve à néant et je redescendais à la troisième place du classement général. Que faire ?

Mon cerveau était en ébullition : est-ce que l'honneur était plus important que le résultat ?

Le rêve devient projet

Éthiquement parlant, bien évidemment que le fait de se doper allait à l'encontre de la déontologie d'un sportif. Mais voilà, les lois et la raison sont des concepts établis et rigides... en un mot tout le contraire d'un être humain, complexe, soumis à des émotions, des jugements, des doutes là encore et des décisions à prendre.

Au-delà de la morale et de l'éthique, je devais savoir si moi, Edgar, j'avais envie de gagner. Mon orgueil, mon instinct de compétition, mon désir d'être reconnu ou bien peut-être ma vénalité me tiraient dans une direction. Les valeurs reçues dans mon éducation, celles relayées par le sport de haut niveau raisonnaient dans les recoins de ma conscience et me tiraient dans une direction opposée. Les grands discours sur l'art et la manière restaient des théories. Mais si d'une expérience on pouvait tirer une théorie, on ne pouvait imaginer tirer d'une théorie une expérience. Dans ma situation, face à ce choix, j'étais tiraillé. Je voulais construire ma carrière sportive sur des bases saines et justes, je voulais atteindre mon rêve à dix-huit ans précis. Une nouvelle fois, j'étais responsable d'un choix à faire. Quelle réponse allais-je donner ? Cela n'était pas si évident.

Quand on rêve le monde...

Bon nombre d'athlètes vous répondront : « je ne me doperai jamais » ; mais ce serait ne pas être entièrement honnête que de prétendre que ce cas de conscience ne les a jamais effleurés.
Ainsi, seul dans ma chambre, affaibli par la fièvre, j'ai repensé au rêve auquel je n'avais jamais renoncé, à mes quatorze ans, à ce fameux soir où mon père m'avait proposé de choisir entre mes études et mon sport. J'ai repensé à Nano, au temps qu'il faut pour se construire en tant que champion, en tant qu'homme, aux quelques secondes qu'il faut pour basculer et tout détruire, à la fierté qu'éprouvait ma famille d'avoir un « cousin » en Équipe de France de ski, à la confiance que mes parents avaient placée en moi, à la manière dont j'avais envie de diriger ma vie... La notion de responsabilité autour de laquelle j'avais bâti les prémices de ma décision m'est revenue en mémoire, plus évidente que jamais : j'ai refusé de prendre des médicaments qui feraient de moi un skieur dopé. Premièrement, parce qu'au terme de ma réflexion, j'avais décidé que non, je préférais rester dans l'image que je m'étais forgée d'un athlète, un esprit sain dans un corps sain, et deuxièmement parce que je ne me sentais absolument pas prêt à assumer les conséquences d'une telle malhonnêteté sportive.

J'ai regardé la finale depuis mon poste de télévision, fort d'une nouvelle certitude : je ne voulais pas être de ceux qui trichent pour s'attirer les foudres du succès. Si succès il devait y avoir, alors ce serait uniquement grâce à mes performances et à mon travail. Le classement définitif me positionna donc à la troisième place. Je n'éprouvais absolument aucun regret. Au contraire, à la joie d'être classé parmi les meilleurs mondiaux s'ajoutait un autre sentiment : la fierté d'avoir été à la hauteur de mon engagement initial. Et croyez-moi, le ressenti de la satisfaction morale est une sensation unique et transcendante. Cela contribue profondément à renforcer la fierté que j'éprouve à l'égard de mon palmarès et à la manière de l'avoir obtenu.

À dix-neuf ans, je prenais un peu mieux la mesure de l'image que j'avais envie de donner : cela m'a rendu un peu plus humble. Je n'avais pas cédé à la facilité, j'avais choisi l'intégrité. Ma décision était *noble*. J'ai renforcé la cohérence qu'il y avait entre ce que j'étais, ce que je disais et ce que je faisais. Je me suis senti plus fiable et toujours plus responsable. Cet épisode m'a permis, plus tard, de savourer mes victoires avec un coefficient de bonheur multiplié par mille.
Quand je suis rentré en France, nous avons longuement fêté cette médaille de bronze.

Quand on rêve le monde...

J'habitais alors à Annecy. Je voulais profiter de ma jeunesse au maximum, allier le sport au plaisir : c'était définitivement mon credo. Je percevais un salaire, plutôt bon pour l'époque. Je dépensais beaucoup : en moto, en quad, en guitares... Autour de moi, je voyais mes potes ensuqués par le cannabis. Je vivais à fond. Pour moi, sportif de haut niveau ne rimait pas forcément avec austérité. Le tout était de savoir savamment doser les choses. L'argent ne m'est jamais monté à la tête, je le dépensais trop vite..

Lorsque je repense à ma carrière, ce sont surtout les anecdotes qui me reviennent en tête. Celles-ci ont souvent été des sortes de « catalyseurs », des prétextes à tirer des enseignements essentiels pour la suite. J'étais parvenu à apprécier l'essence même de ma relation et du fonctionnement de ma relation avec Nano. Non pas que nos attitudes fussent identiques, bien au contraire ; notre relation avait vraiment pris une densité particulière. Les apprentissages et les réflexions qui découlaient de ces épisodes ont fait office de réelles leçons de vie et j'ai ainsi compris ce qui pouvait tisser la nature d'une relation forte. Celle-ci était une condition nécessaire pour que je me mette dans les meilleures dispositions pour réussir les challenges que me fixais ; j'ai pris conscience qu'on ne gagne pas tout seul et que j'étais loin d'être autonome. J'avais encore tout à apprendre...

L'année suivante, en 1989, j'ai participé à mes premiers Championnats du Monde, en Allemagne. Un Championnat du Monde se déroule tous les deux ans. Il s'agit de la course la plus importante dans notre sport car elle décerne le titre ultime de Champion du Monde. En ski de bosses, il y a deux formats de compétition :

– **Le parallèle** place deux skieurs en compétition, chacun dans son couloir. Sept juges notent la meilleure prestation en levant un fanion correspondant à la couleur du couloir emprunté par leur vainqueur. À l'instar du tennis, nous passons des tours de qualifications pour accédcr à la finalc.

– **Le single** considère chaque skieur qui descend seul face aux sept juges qui apprécient la qualité de la prestation suivant des critères établis : la technique compte pour 50% de la note finale, les sauts pour 25% et la vitesse pour les 25% restants.

Quand on rêve le monde...

Ces championnats du Monde se déroulaient en parallèle, ce qui convenait bien à mon style très agressif, à ma rapidité d'exécution et à l'amplitude que j'aimais prendre dans mes sauts. J'étais encore jeune et peu expérimenté sur ce genre de grands rendez-vous. Peu m'importait car à l'époque, ce qui comptait avant tout était de prendre du plaisir en compétition comme à l'entraînement. Du coup, la pression était une donnée assez peu perturbante pour moi.
Le matin de la course, j'ai vu arriver sur le parking au pied de la piste un car de Français : tous mes potes du Club des Sports de La Clusaz. Ils s'étaient peints le visage à coup de « Zink », une crème fluorescente très à la mode à l'époque. Mes parents avaient également parcouru les huit heures de route qui séparaient Annecy de la station bavaroise. Autant dire que l'ambiance démarra au quart de tour.
Bien placé après les qualifications qui avaient retenu les seize meilleurs skieurs pour les finales en parallèle, je suis passé tour après tour face à des skieurs expérimentés avec une bonne décontraction, avant de me retrouver en finale contre un suisse : Juerg Biner.

Subitement, j'ai commencé à ressentir une pression inhabituelle sur mes épaules. Le public, composé de quelques supporters français, de mes parents, de mes

coéquipiers, et de Nano se mirent à me jauger avec une certaine tension. Je lisais dans leurs regards que l'enjeu devenait vraiment important : j'étais à deux doigts de devenir LE champion du Monde !
J'ai eu le temps d'y penser en me dirigeant vers le téléski pour rejoindre Philippe Bron. C'est le souffle court et la gorge nouée par un sentiment de peur que je m'agrippais à la perche. La montée me parut très longue… La confiance cédait peu à peu à l'angoisse, le plaisir du jeu était anéanti par la pression d'enjeu. Au lieu de m'affranchir de cette tension, je la subissais...

Arrivé au départ, je cherchais des yeux Philippe pour trouver auprès de lui un peu de réconfort car je savais que lui connaissait cette pression. Il avait remporté par deux fois un titre de Champion du Monde mais avait stoppé sa carrière sur une déconvenue aux Championnats du Monde de Tignes. Lorsque j'ai accroché son regard parmi les personnes encore présentes au départ, j'y ai lu la même tension que dans les yeux de Nano. Pire encore, Philippe tirait une gueule de six pieds de long ! La pression monta encore d'un cran. Je me demandais si, tous autant qu'ils étaient, ils avaient encore confiance en moi ou s'ils doutaient de ma capacité à puiser les ressources nécessaires pour remporter ma finale contre le skieur suisse affecté à l'autre tableau.

Quand on rêve le monde...

Je commençais à en douter sérieusement, ce qui m'empêchait de penser posément. J'avais l'esprit complètement embrouillé et je n'arrivais pas à me concentrer sur ma finale. Dans ma tête, les idées noires se bousculaient. Jamais je n'avais connu une telle descente aux enfers pendant une course. Il fallait que je me libère de cette tension pesante pour pouvoir me reconcentrer. Mais comment faire ? En mon for intérieur, j'avais envie de bousculer, provoquer Philippe pour qu'il me considère d'un autre œil… En m'approchant de lui, je l'ai regardé droit dans les yeux. Le starter faisait les dernières vérifications d'usage avant de lancer son compte à rebours. Les yeux toujours plongés dans les siens, je lui ai dit : « T'inquiète mon Philou, dans trente secondes, je suis Champion du Monde... ». Sa mâchoire s'est décrochée ! J'ai éclaté de rire devant sa mine décomposée, et je suis parti comme une flèche.

J'ai skié en rigolant encore de ma blague et de la tête de Philippe. Cette plaisanterie m'a fait un bien fou, ce déclic m'a permis de retrouver instantanément ma lucidité. Quant au Suisse qui descendait en même temps que moi sur la piste d'à côté, je ne lui ai même pas prêté attention.

Le rêve devient projet

Quelques dizaines de secondes plus tard, je franchissais la ligne d'arrivée en vainqueur.

Le plaisir que je prenais en pratiquant mon sport était ma manière de me sentir libre, et pour me sentir libre j'ai compris qu'il me fallait vivre chaque instant avec un soupçon d'arrogance et un zeste de légèreté : c'était ma façon à moi d'être sérieux, de faire tomber la pression, de dominer mon sujet. En bas de la piste, tout le monde était fou de joie, joie décuplée par une autre victoire française, celle de Raphaëlle Monod. En fin de journée, nous avons eu droit à tous les honneurs, champagne, journalistes, remise de la médaille, soirée de gala... Le lendemain, un avion était prévu destination Paris pour, entre autre, un passage sur le plateau de *Stade 2*, des conférences de presse et des cocktails organisés par certains sponsors.

Tard ce soir-là, j'ai rejoint Nano dans sa chambre. Ma médaille était encore autour de mon cou. Je me suis assis et je lui ai dit : « Tu vois Nano, je suis vraiment fier, c'est un sacré titre, et puis il y a du boulot derrière... En fait, je crois que j'ai fait le plus dur, la vie va être cool maintenant ».
Nano n'a rien répondu. Un drôle de silence s'est installé entre nous.

Puis il m'a dit très posément : « Si tu crois que tu as fait le plus dur, tu te trompes, tu viens de faire ce qu'il y a de plus facile et je te conseille de te rentrer dans le crâne que le plus difficile n'est pas derrière toi, mais devant ! ». Je lui ai rétorqué : « Oh Nano ! Tu parles à un Champion du Monde ! Alors, respect… ». Il a poursuivi, impassible : « Ne crois pas que tout soit désormais acquis parce que maintenant, tes adversaires ont une cible, et ça, ça change tout. Le public s'en fout, que ce soit toi ou un autre. En tant qu'entraîneur, je refuse de voir arriver un mec qui n'écoute plus ce qu'on lui dit parce qu'il a gagné un titre, qu'importe le fait que ce soit un titre mondial. Tout le monde t'attend au tournant, Edgar, alors ne crois pas que ça va être facile désormais ».

« Attends Nano, tu ne sais pas de quoi tu parles »… Il m'a répondu qu'il avait été Champion du Monde avant moi et qu'il savait de quoi il parlait… ». Ce n'était pas la même époque… » lui dis-je. Et Nano de me répondre : « L'environnement était différent mais les comportements restent terriblement les mêmes…». Tout ce que j'ai trouvé à lui répondre, c'est : « Écoute mon Nano, on va aller se faire une bonne fête et on en reparlera plus tard... ».

Nous avons quitté la chambre.

Le rêve devient projet

Il ne m'a pas fallu beaucoup de temps pour me rendre compte que Nano avait raison, ô combien raison... Le discours qu'il m'avait tenu ressemblait un peu à une litanie « vieux con/jeune con », mais il fallait bien admettre qu'il avait vu juste. Autour de moi, les gens étaient satisfaits de ma victoire, mais ils commençaient déjà à me parler de l'année d'après. J'avais nourri leurs espoirs et si je ne continuais pas à leur donner satisfaction, les choses basculeraient aussi vite qu'elles étaient arrivées. Philippe et Nano m'ont très vite confronté à moi-même sur la piste, ils n'avaient plus de conseils à me prodiguer : j'étais Le CHAMPION. Par conséquent, c'était à moi de faire progresser le sport à ma façon, dans la direction que je souhaitais. Et pour cela, ils ne me positionnaient plus par rapport à la concurrence mais par rapport à moi-même. « Qu'est-ce que tu veux faire maintenant ? ». « Où souhaites-tu emmener ton sport ? ». Leur rôle a évolué. Ils sont devenus des miroirs qui m'aidaient à prendre conscience de mes forces et de mes manques, m'amenant à bâtir sur mes forces pour pallier mes carences.

C'est ainsi que j'ai compris que la vraie plénitude ne se trouvait pas tant dans la récompense mais dans la construction au quotidien, étape après étape, là où je savourais le plaisir d'être un skieur qui voulait donner du bonheur aux gens. Je devenais ainsi conscient que la vie ne s'arrêtait pas à une victoire. Adopter la bonne attitude était de profiter pleinement des relations que j'entretenais jour après jour avec les principaux acteurs de ma vie (ma famille, mes amis, mes entraîneurs et mon équipe), et également de prendre le temps de profiter de la beauté d'un glacier, du plaisir de faire un métier qui m'épanouissait, de devenir plus solide physiquement et mentalement, de ressentir de la joie à progresser et à passer des caps techniquement, d'éprouver de la fierté pour ce que j'étais en train de réaliser, de l'envie d'atteindre un idéal : voilà ce que j'avais de plus précieux.

Quelques jours plus tard, de retour sur la piste pour les entraînements, il était évident que j'étais effectivement devenu « la cible à abattre ». La métaphore est un peu guerrière, mais c'est vraiment de cette manière que je percevais les choses ! Être le premier de cordée à creuser les traces dans la poudreuse, imprimer le tempo, modifiait mes repères habituels. J'avais envie de pousser ma discipline au-delà de ce qu'elle était, de tendre vers une évolution encore plus significative ! La position de leader que l'on me conférait me portait à emmener mon sport dans une direction que j'avais définie : je la voulais rapide, instinctive et spectaculaire. Trois adjectifs propres à mon terrain de jeu, car il va de soit que *mon* terrain de jeu correspondait forcément mieux à moi qu'à mes adversaires. Pour progresser tous les jours, il me fallait donc travailler deux fois mieux en simplifiant deux fois plus car les sollicitations étaient devenues très nombreuses. Moi qui pensais que la performance allait me simplifier la vie… ! J'ai été rapidement confronté à la réalité : encore plus de gens qui attendaient que je sois toujours à la hauteur de la promesse, davantage de sponsors qui mesuraient le retour sur investissement, de journalistes qui exigeaient plus d'interviews et plus d'adversaires aux fesses !

La réussite complique la vie, la vraie performance se traduisait dans ma capacité à simplifier les choses. Nano a joué un rôle magistral dans ce domaine. Il a pris le contrôle du planning et a instauré des priorités : d'abord l'entraînement, puis le repos. Ensuite les journalistes, enfin les sponsors… Simple à dire... Mais dans la réalisation quotidienne, il lui fallait faire preuve non seulement de fermeté vis-à-vis des tiers mais aussi d'autorité vis-à-vis de moi… Régulièrement, je le provoquais pour aller m'amuser dans les soirées et autres réceptions auxquelles j'étais convié...

Quand on rêve le monde...

Tout en m'imprégnant de ces nouvelles données, la nouvelle tant attendue est tombée : Jean-Claude Killy, co-président du comité d'organisation des Jeux Olympiques d'Albertville a annoncé que le ski de bosses serait officiellement déclaré discipline olympique. « Parce que nous avons des chances de médailles françaises... » avait-il ajouté.
Je me suis soudainement senti catapulté dans un tourbillon d'espoirs nouveaux : l'olympisme symbolisait pour chaque sportif la consécration la plus fabuleuse. Alors que les skieurs de bosses restaient dans une discipline confidentielle, voilà que l'on nous ouvrait grandes les portes de l'Olympe ! Je me suis forcément senti concerné par la nouvelle et ma prise de conscience a redoublé... Quand on rêve le monde... le monde conspire tout entier à votre propre réussite.

L'annonce de Jean-Claude Killy a donc donné naissance à un nouvel objectif : il m'offrait la possibilité d'ajouter à ma victoire en Championnats du Monde une médaille encore plus merveilleuse parce que directement liée à une tradition ancienne et universelle. La grande majorité des athlètes savent qu'ils croiseront le mythe olympique deux à trois fois dans une carrière avec la chance d'être au meilleur de leur art une fois, peut-être deux. Depuis tout petit, je m'étais accroché à mon rêve. Je pensais l'avoir réalisé en devenant Champion du Monde à dix-neuf ans mais là, Killy et sa bande avaient élevé le niveau, à ma plus grande satisfaction. J'avais une preuve de plus pour croire que la manière dont nous rêvons notre vie détermine en grande partie notre avenir et les résultats que nous obtenons. J'étais intimement convaincu que ces coups de pouce du destin n'étaient pas le fruit du hasard mais bien le fruit d'une ambition à laquelle je n'ai jamais renoncé depuis le jour de mes cinq ans où je soutenais à mes parents que je voulais devenir le meilleur skieur du monde. Ce rêve s'est traduit dans la réalité à l'âge de quatorze ans en devenant un projet de vie. J'en avais maintenant vingt, et ce rêve devenait clairement un objectif.

Les jours qui ont suivi, je n'arrêtais pas de penser aux Jeux et me refusais à les considérer comme une course semblable aux autres courses. Je disposais de trois ans pour me préparer à cet événement. Trois années pour préparer trente secondes d'action. Cette course se devait d'être pensée, réfléchie et préparée à la perfection. Chaque jour, je me suis levé avec les Jeux en ligne de mire. Pour autant, je ne l'ai pas vécu comme une obsession... Peut-être parce que je me suis donné le temps de la réflexion pour trouver les bonnes attitudes à adopter durant la préparation et celles que je souhaitais mobiliser au départ de la course.

Une question revenait
de manière récurrente :

**qu'est-ce qui pourrait m'empêcher
de gagner les Jeux ?**

III
Trois ans de préparation

Ce questionnement a suscité une phase de dialogue interne intéressante. Alors que j'essayais de me visualiser dans le portillon de départ, une des premières pensées qui m'interpella net fut celle-ci : « Quand je serai dans le portillon de départ, je voudrais ressentir une profonde sérénité… ».

Mais que veut dire « être serein » quand on est dans le portillon de départ d'une Olympiade qui se déroule dans votre pays ? J'ai laissé cette question en suspens, mais dans les semaines qui ont suivi, des réponses me sont apparues. Je dis « apparues » car j'ai laissé cette réflexion en friche tout en restant attentif aux idées farfelues qui me venaient, parfois le matin au réveil, parfois en discutant avec des gens, ou en lisant des bouquins... Je me suis laissé inspirer par les événements que la vie me présentait.

Après quelques semaines, j'avais saisi trois idées fortes qui, à mon sens, me permettraient d'être serein dans le portillon de départ des Jeux Olympiques…

D'abord, il me semblait évident que pour être serein, je devais anéantir les velléités de mes adversaires. Qu'ils aient eux-mêmes la certitude que la première place était pour moi et pour personne d'autre. Pourquoi ? Parce que je savais au fond de moi que les Jeux offrent des occasions inespérées à des outsiders de briller et que parfois, certains réalisent la prestation de leur vie sur une course… Je ne voulais laisser aucun espoir planer dans leur esprit à ce sujet-là ; il fallait que je sois le maître absolu. C'était sans doute une vue de l'esprit alors, pour la mesurer, il me fallait trouver un truc imparable, infaillible.

J'envisageais également de puiser dans les spectateurs qui viendraient voir cette course, une énergie galvanisante. Pourquoi ? Parce que j'avais envie que le public, avant d'assister à une compétition olympique, vienne d'abord pour me voir gagner. Ça, c'était mon truc !... Je fonctionne de façon très affective et j'ai besoin que les gens croient en moi pour me donner à fond. La question était : comment être sûr de pouvoir compter sur cette énergie au moment opportun, le jour J à l'heure H ? Si les quinze mille spectateurs prévus étaient susceptibles de fournir une énergie nécessaire à mon bien-être moral, je devais faire en sorte de provoquer cette énergie en eux.

Enfin, j'avais besoin de savoir que je serais capable de tout donner le jour J à l'heure H ; c'est-à-dire être capable de mobiliser 100% de mon potentiel technique, physique et mental durant trente secondes à l'instant désiré. Pourquoi cette idée ? Parce qu'il m'arrivait régulièrement de participer à des courses sur lesquelles je sentais que j'en gardais « sous la pédale ». Cela me convenait dans la mesure où cela me procurait une excuse en cas d'échec. Dès lors, je pouvais éviter une totale remise en question : « je n'ai pas tout donné... je peux être meilleur... on verra la prochaine fois...

oui mais bon… ». Voilà le genre d'excuses que j'avais pour justifier des courses que je n'avais pas réussies. Mais là, sur les JO, compte tenu de mon ambition et de ma promesse, je ne pouvais pas me contenter de trouver des excuses aussi fallacieuses !

Pour acquérir cette certitude, je disposais de trois saisons de compétitions et d'autant de temps pour résoudre cette problématique

Que mes adversaires baissent le regard devant moi...

C'étaient les années Mike Tyson. J'admirais ce boxeur pour sa puissance, son charisme et sa détermination. Je regardais ses combats et sa façon de mettre de la pression sur ses adversaires. En boxe, avant le combat, il y a la pesée. Des jeux psychologiques se dessinent entre les adversaires et leur staff. On s'épie, on se scrute, on se surveille… Nous étions en compétition au Japon le 10 février 1990 lorsque Mike Tyson a combattu à Tokyo pour préserver son titre de Champion du

Monde face à James Buster Douglas. Il régnait un air glacial dans tout le pays sauf au Tokyo Dôme où le combat attirait l'attention du monde entier. NHK, la télévision japonaise nous offrait une retransmission en direct des moindres faits et gestes des deux champions avant leur combat. Ne comprenant rien aux commentaires, j'étais focalisé sur les rictus et les regards des boxeurs. Les yeux plantés dans le regard de Douglas, Mike Tyson semblait imperturbable. Mais Douglas ne lâchait pas et Tyson s'impatientait... Au cinquième round, Tyson est allé au tapis. Au huitième, ce fut au tour de Douglas d'envoyer au définitivement Tyson au sol. Ce combat était spectaculaire ! Le challenger avait mis au tapis le champion !... J'y pensais souvent et je n'arrivais pas me faire à l'idée qu'un challenger puisse l'emporter... Un matin, je me suis levé avec l'idée saugrenue de regarder mes adversaires dans les yeux avant la course, jusqu'à ce qu'ils détournent le regard. C'était mon truc pour me sentir serein dans le portillon me suis-je dit !... Et j'en profiterais également pour le faire avec leurs entraîneurs. Je voulais de cette manière prendre un ascendant psychologique sur eux...

Avoir l'appui du public

Ce qui a surpris le plus dans ma préparation des Jeux Olympiques fut le discours tenu face aux médias. Je leur disais « de toute façon, je vais gagner ». C'était choquant pour certains, ambitieux pour d'autres, arrogant, parfois. Les sentiments que cela générait m'amusaient plus qu'ils ne me dérangeaient... Aux antipodes de notre culture, j'étais souvent considéré comme une bête étrange annonçant ma victoire à qui voulait bien l'entendre. Et j'y allais de mes petites phrases : « la pression, je la commande au bar... », « les autres ont un gros problème cette année : moi », etc., comme pour provoquer là encore des réactions qui, au fond, me faisaient doucement rigoler...
Et je voulais par dessus tout déclencher chez le public l'envie de croire en moi. Le moyen que j'avais trouvé pour le faire était d'être absolument transparent : je lui faisais des promesses par médias interposés. Je voulais justement qu'il vienne me voir tenir ma promesse car j'aimais être au pied du mur, j'aimais cette dynamique qui agissait de manière stimulante pour moi. Qu'importe que l'on me croie prétentieux. Ceux qui se méprendront sur mon compte n'auront pas saisi l'intérêt psychologique et sportif de ma démarche.

Je m'entraînais chaque jour. Je m'impliquais à fond dans chaque exercice car je savais ce qu'il y avait au bout : le panache ou la mort. J'ai choisi de me mettre la pression car je n'aurais pas supporté que la pression me soit imposée. J'ai dit à Jean-Claude Killy que je gagnerais pour stimuler mon orgueil. J'ai utilisé tous les moyens autorisés pour endurer le travail à accomplir Nano n'était pas tendre avec nous. Les séances étaient difficiles. Si je tenais, c'était aussi parce que mon ego me donnait la volonté d'y arriver. Et je savais que le jour de la course, les gens, qu'ils fassent partie de mon équipe, de ma famille, ou du public, me regarderaient avec la foi. Et je n'aurais jamais créé la foi en eux si je n'avais pas annoncé ma volonté de gagner.

Les réactions des autres ne sont souvent que le propre résultat de nos intentions. J'ai croisé le chemin de sportifs qui n'y croyaient pas eux-mêmes ; ils répétaient, « c'est impossible ! ». Et à l'entraînement, ils faisaient tout pour que ce soit effectivement impossible… D'autres se disaient « on va essayer… » et je les voyais essayer, essayer, essayer sans jamais y arriver. Que croyez-vous que cela générait auprès de leurs entraîneurs ? Ils travaillaient sans conviction. Ils essayaient aussi, en se disant que de toute façon,

ils n'y arriveraient que par miracle... Comment voulez-vous être vraiment impliqué et appliqué lorsque vous faites les choses en comptant sur les miracles ? Faire les choses, totalement immergé dans l'instant, en sachant que ma réussite se jouait là, à chaque seconde, dans chaque geste de chaque exercice, était ma recette.
Je connaissais mon objectif. J'avais mes priorités et j'étais impliqué comme le cochon dans l'œuf au bacon... Connaissez-vous la différence entre la contribution et l'implication ? Dans un œuf au bacon, la poule contribue, le cochon s'implique...

Comme le dit Nano, pour réussir, un athlète doit payer de sa personne.

Entretien avec Nano Pourtier (suite)

Je crois que l'engouement du public à son égard était à la mesure du plaisir qu'Edgar prenait à skier. Tandis que ses homologues, a priori plus doués et plus talentueux, très besogneux, brimaient toute résurgence instinctive dans leurs prestations, Edgar, lui, skiait avec tout le bonheur et le naturel du monde. Le talent

peut amener à une victoire, mais je disais souvent à mes gars que le plus dur, ce n'était pas d'arriver un jour au sommet, mais d'y rester...
Mon travail sur Edgar a donc consisté à trouver une nouvelle façon de canaliser la force explosive qui émanait de lui. En épicurien-né, il se nourrissait de la moindre parcelle de bonheur qu'il pouvait prendre. Il n'a jamais considéré sa discipline comme une contrainte, c'est sûrement ce qui a fait sa force. Il avait un rêve en tête depuis tout petit et toute son organisation de vie était centrée sur cet objectif. Ses parents lui avaient donné leur aval, ils me vouaient une confiance indéfectible ; jamais ils ne m'ont posé de question, ils me laissaient faire mon travail. La mère d'Edgar était une personne très solaire, radieuse ; quant à son père, il avait eu l'intelligence de tout faire pour que les rapports se passent bien. Un peu bourru, il m'avait demandé une fois, un an avant les Jeux de 92 : « qu'est-ce t'en penses du p'tit, il va réussir dans le ski ? ». Avec un tel cadre familial, Edgar bénéficiait d'une stabilité essentielle.

Avec les années, Edgar et moi n'avions plus besoin de nous parler.
Lorsqu'il avait quelque chose à me demander, il trouvait la réponse dans mes yeux. Plus qu'un entraîneur,

Quand on rêve le monde...

j'étais d'abord un éducateur : ce que j'essayais de leur transmettre par le sport n'était qu'un prétexte à les préparer pour la vie, à baliser leur chemin avec des valeurs sûres et fermes. C'est ainsi, que d'épisodes en épisodes, de courses en courses, de coup de gueule en grands moments de joie, nous étions arrivés à un stade d'autogestion.

Au départ de la course, celui qui s'est vraiment impliqué sait mieux que les autres pourquoi il est là, pourquoi il veut réussir, quelle dimension il donne à son objectif. Cela définit son niveau de détermination. On ne lâche jamais un objectif par hasard. Quand on lâche, c'est parce qu'on considère que le jeu n'en vaut pas la chandelle. On lâche lorsque les bonnes raisons de lâcher sont supérieures aux bonnes raisons de persévérer. Mon souci était de faire en sorte que la chandelle soit sublime pour que le jeu soit stimulant ! Promettre et décrocher la lune était la plus magnifique chandelle que je pouvais m'offrir, que je pouvais offrir. Mon instinct de survie, mon ego, mon orgueil et le fait d'être au pied du mur en cas d'insuccès étaient mes bonnes raisons de persévérer. Je connaissais les risques que j'encourais en cas d'échec… mais après tout, je n'allais pas en mourir...

Être capable de tout donner le jour J

À vingt et un ans, j'étais parvenu à me hisser en tête du classement de ski de bosses. Pour la première fois, j'étais numéro un mondial. Ce titre était important à mes yeux car il récompensait la régularité. Cette année-là, en 1991, j'ai aussi gagné les Championnats d'Europe. Il ne manquait donc qu'un titre à mon palmarès : une médaille d'or olympique. En imaginant que celle-ci fût mienne, mon « grand schelem » serait complet !

Avant cette échéance, il fallait que je conserve mon titre aux Championnats du Monde qui se tenaient à Lake Placid, aux États-Unis. C'était la course d'un jour, une sorte de répétition générale avant les Jeux.
Je tenais plus que tout à la remporter pour me convaincre que, sur une course d'un jour, je pouvais être capable d'être à 100%. Pourtant, je me sentais mal face à cette échéance ; j'avais peur de perdre mon titre, je ne ressentais pas la même envie d'être Champion du Monde une deuxième fois. Je me trouvais des petites excuses pour ne pas m'impliquer à fond aux entraînements. Durant les qualifications, j'ai pris conscience que j'en avais trop sous le pied et qu'il fallait libérer ce potentiel pour donner le meilleur de moi-même et

espérer l'emporter. L'objectif n'était pas le résultat. L'objectif était de mobiliser toute ma concentration sur des points positifs.
Je me revois encore à quelques minutes de mon passage... Pour essayer d'endiguer mes doutes et réussir à me persuader que je pouvais y arriver, je me suis isolé dans le bois qui jouxtait la piste et, avec le poing, je me suis mis à marteler mon torse en me répétant : « t'es un Grospiron, les Grospiron, c'est des champions, t'es un Grospiron... ». Ce petit manège m'a permis d'exorciser mes peurs, de recharger les batteries à bloc et de me surmotiver ! Dans le portillon de départ, au moment de m'élancer, ma volonté de réussir était toute retrouvée : rien à ce moment-là n'aurait détourné mon attention ou atténué ma concentration. Je suis parti à fond dans la pente, avec comme seule priorité de tout donner, j'ai accéléré au milieu pour finir en trombe ! Au résultat, j'ai gagné avec beaucoup d'avance, et j'étais très fier d'avoir réussi à revenir. Ainsi, pour la seconde fois, je suis devenu Champion du Monde, mais ce n'était pas le plus important à mes yeux. Ce qui avait pris du sens était que cette course avait vraiment construit une bonne part de ma sérénité. Je savais désormais comment mobiliser l'ensemble de mon potentiel, même en situation délicate. Je venais de me prouver que la fatalité

n'existe que lorsque nous restons immobiles face à nos peurs. Je venais de prendre conscience que l'action centrée sur le positif était la solution aux problèmes. Naturellement, la presse a elle aussi commencé ses spéculations et pronostics pour l'événement auquel nous nous préparions tous…

On ne gagne pas tout seul…

Nano, l'équipe et moi avons déterminé à partir de ce moment-là l'ordre des priorités :

- l'entraînement : ski et préparation physique
- le respect des temps de récupération
- le professionnalisme face aux médias et aux sponsors
- la fête
- le reste

Quand on rêve le monde...

Tandis que Nano supervisait l'ensemble des événements en tant que Capitaine des Équipes de France de ski acrobatique, Philippe Bron s'occupait de la partie purement « bosses » et Claude Lebreu était notre préparateur physique. À la Fédération française de ski, Marcel Rossi, notre président se démenait pour la cause du ski acrobatique en essayant de négocier et décrocher des budgets auprès du Ministère et des sponsors. La discipline des bosses était toute nouvelle dans le paysage des épreuves officielles et il fallait beaucoup de persévérance pour réunir les budgets nécessaires à faire tourner une équipe composée d'une trentaine d'athlètes et de huit cadres, voyageant autour du monde, dix mois sur douze entre compétitions et entraînements.

Ainsi, de fil en aiguille, les choses se sont structurées. J'avais une mission très claire : donner le meilleur de moi-même entre le portillon de départ et la ligne d'arrivée. Le reste était secondaire. Dès lors, mes priorités consistaient à développer mes compétences techniques, physiques et mentales pour être le meilleur possible là où j'étais attendu.

Nano avait la gestion du planning et de la presse. Le Groupe IMG gérait mes contrats de sponsoring. Mon comptable et le juriste de mes parents étaient à Annecy. Côté matériel, les marques qui me sponsorisaient mettaient leurs meilleurs techniciens à notre disposition. Tout était fait pour que je puisse déléguer à ces personnes l'ensemble des « contraintes » inhérentes à ma fonction. Je gardais le pouvoir de la décision finale, c'est tout. J'étais un athlète, je leur laissais le soin de s'occuper des paramètres sur lesquels je n'avais pas ou peu de connaissances. Avant même de remporter quoi que ce soit, je savais que je n'aurais pas gagné tout seul. Jamais je n'aurais pu à la fois rédiger un contrat de partenariat, fabriquer une paire de ski, programmer mes séances d'entraînement, organiser la logistique pour partir en compétition, filmer mes descentes d'échauffement, participer aux compétitions et les gagner tout seul. Par contre, entouré de ces dix personnes, j'ai pu récolter le plus beau palmarès de mon sport.

À toutes ces personnes, je dois une grande part de sérénité et de disponibilité, exactement ce dont j'avais besoin pour me concentrer puissamment au départ d'une course. Je leur dois beaucoup et mes victoires étaient aussi les leurs.

IV
Trente secondes d'action !

Chaque année, la reprise des entraînements avait lieu début juin à Évian. Il s'agissait de reprendre le programme de préparation physique pendant trois semaines, à raison de huit heures par jour, cinq jours par semaine. En somme, un emploi du temps hebdomadaire qui ressemblait à celui de la majorité des salariés en entreprise, à ceci près que la musculation, le footing et les sports collectifs constituaient notre lot quotidien. Ces stages de préparation physique étaient de vraies tortures pour moi car après l'hiver je décompressais à fond et j'arrivais avec quelques kilos en trop ! D'autant que nous n'avions pas de régime spécifique et j'étais un épicurien avec un coup de fourchette bien appuyé !

Puis nous montions skier sur le glacier à Tignes en Juillet. L'ambiance estivale était très décontractée dans la station, c'était beaucoup plus agréable qu'à l'automne où les conditions météo devenaient de plus en plus humides, froides et brumeuses. C'était justement dans ces conditions que Nano repérait ceux qui étaient vraiment motivés pour réussir leur hiver. Là, bien heureusement, je n'avais plus de kilo superflus car je détestais être peu productif à l'entraînement. Je me sentais vraiment frustré lorsque je passais à côté d'un échauffement si je n'arrivais pas à prendre du plaisir ou à progresser. Alors, je me donnais à fond. Nano me laissait aller m'échauffer plus longtemps que les autres. J'allais faire de la descente ou du super géant avec les « Alpins », Piccard, Crétier, Alphand, histoire d'avoir de vraies sensations de vitesse ! Et quand j'arrivais dans les bosses, j'avais un grand sourire aux lèvres et de l'énergie à investir dans mon travail !... En cela, nous étions sur une même longueur d'onde avec Nano. Il savait que le plaisir que je prenais en skiant était le meilleur levier pour me faire réussir dans les bosses. Le plaisir que je prenais lui permettait d'être très exigeant et de mettre la barre plus haut chaque fois. Moi, voyant que mon niveau de ski progressait, j'en redemandais ! Durant les trois mois d'automne que nous passions à Tignes, il y avait quelques jours sans : une météo pourrie, une neige grisâtre et des bosses irrégulières. Là, je n'y étais pas du tout et mes coachs me tenaient avec une main de fer. Et puis il y avait des jours avec : une météo radieuse, une neige souple, de grosses bosses qui permettaient des sauts impressionnants. Dans ces conditions, je garde des souvenirs fantastiques où je repoussais mes limites de façon incroyable.

Le mois de décembre 1991 a été particulier dans la mesure où la saison olympique débutait. Nous avons eu droit à des cortèges protocolaires composés de personnages politiques et de journalistes en tous genres. Nous rentrions dans le vif du sujet et c'est à ce moment-là que j'ai pu décider de ma stratégie en vue des Jeux.

J'ai voulu partager les huit courses au programme avant les Jeux selon deux approches de la compétition bien distinctes pour moi. Premièrement, nous

avions quatre courses en Europe au mois de décembre, je voulais qu'elles soient pour moi l'occasion de prendre la température. Qu'elles me permettent d'évaluer mon niveau par rapport à la concurrence afin de faire les ajustements nécessaires. Je visais des places dans le top 5, sans plus et sans pression.
Puis j'ai décidé de gagner les quatre courses suivantes. Je voulais ainsi imprimer mon rythme, imposer mon style, élever le niveau et décourager mes adversaires. Je voulais arriver à Albertville en chef de file.
Le 8 février 1992, nous étions en ébullition !
Dans l'enceinte du stade d'Albertville, la cérémonie d'ouverture des XVIe Jeux Olympiques d'hiver fut majestueuse, colorée, en un mot : poignante.
Michel Platini porta la flamme olympique jusque dans la vasque. La patineuse Surya Bonaly prêta serment au nom de tous les athlètes devant les juges, la voix cristalline de Séverine, une petite fille de neuf ans s'est élevée dans les cieux pour chanter la Marseillaise ; partout, de larges fresques racontaient l'histoire des Pays de Savoie, cette atmosphère était magique et unique. Les caméras du monde entier étaient braquées sur Albertville.

Trente secondes d'action

Assis dans le stade, nous contemplions le spectacle composé par Philippe Découflé. J'étais sur un nuage... sur mon nuage ! Je suis revenu quelques mois en arrière pour revivre les courses du début de saison... Je m'étais très bien classé, sans forcer j'étais monté sur les podiums, notamment à Morzine où je m'étais blessé entre les qualifications et la finale. Mon bâton était venu se planter sous mon genou à la réception d'un saut. Déchirant la combinaison, il avait pénétré d'environ cinq centimètres dans mon mollet.

Toujours dans le stade Olympique, je revoyais défiler le mois de janvier dernier... Quatre courses, trois victoires et une sixième place. Juste ce qu'il fallait pour que ce ne soit pas parfait et que cela me préserve de l'euphorie. D'autant que la semaine qui avait précédé, je venais de marquer un point décisif. De retour des USA, l'équipe était partie en Allemagne pour cet ultime rendez-vous avant les jeux. D'un commun accord avec Nano, j'étais resté à La Clusaz pour décompresser. J'avais passé cinq jours dans ma station pour profiter de la neige fraîche et du soleil tandis que les autres s'usaient le moral, sous un plafond gris de nuages déprimants. La course avait lieu le samedi. Je suis arrivé le vendredi soir en hélicoptère. Le samedi matin, je n'ai eu qu'une

heure pour découvrir la piste, alors que les autres la pratiquaient depuis cinq jours. Cela m'a amplement suffit. J'ai remporté la course en établissant un record de points en Coupe du Monde et en creusant un écart avec le second comme jamais. Je rayonnais !
J'ai compris à ce moment-là que le travail portait ses fruits. Physiquement, j'arrivais à plein régime. Techniquement aussi. Je n'avais plus besoin de passer des heures sur une piste pour travailler. J'étais un skieur de bosses. Instinctif. Au sommet de mon art. À peine redescendu du podium, les pales de l'hélico fouettaient l'aire du parking où étaient garés les véhicules des compétiteurs. Tous m'ont vu repartir, dégoûtés. Je pense qu'à ce moment-là, je leur ai fait mal.

J'assistais donc à cette cérémonie, les larmes aux yeux… Fier du parcours accompli.
À partir de ce moment-là, je suis rentré dans une bulle.
Dans l'agitation des Jeux, cette bulle s'est avérée plus nécessaire que jamais. Elle agissait comme un filtre perpétuel : je laissais à l'extérieur le mauvais (la pression, les pensées négatives et les conflits internes) pour ne laisser rentrer que le meilleur (la concentration et la détermination, l'espoir et la performance),

j'y visualisais la course parfaite. J'étais très à l'écoute de mes besoins, je faisais en sorte d'être mon meilleur allié. Souvent, certains journalistes en quête de sensationnel venaient me chercher sur un terrain délicat. J'étais si sûr de ma concentration que même leurs paroles glissaient sur moi et finissaient par s'évaporer... Cette faculté à me tenir au-dessus des « coups » me plaçait hors d'atteinte. Je vivais chaque instant en fonction de mes pulsions et de mes envies : je voulais à tout prix aller voir Franck Piccard sur sa descente et j'y suis allé, sans me demander si c'était bien pour moi, raisonnable et sensé. Tout ce que je faisais de façon intuitive servait un objectif de bien-être.

L'exubérance et le naturel étaient mes moteurs. Cinq jours avant la course, j'ai retrouvé quelques potes en boîte de nuit à Val d'Isère... On avait tellement monopolisé la piste de danse que nous nous sommes faits renvoyer de l'établissement... À la sortie, j'étais super vexé, en me retournant vers le videur, je lui ai lancé : « dans cinq jours, tu prieras pour que je vienne foutre le bordel dans ta boîte ! ». C'était aussi l'âge de l'insouciance et de l'arrogance... Rien ne m'importait plus que ma course parfaite.

Quand on rêve le monde...

Il ne restait que quatre jours avant la course.
Les journées commençaient avec le lever à sept heures précises. Après une douche rapide, nous étions attendus pour le petit-déjeuner une demi-heure plus tard. Puis nous préparions le matériel, rassemblions nos effets car le départ pour les pistes était prévu pour 8h45. Les deux premières heures, nous skiions seuls ou en groupe sur tout le domaine. Vers 11h, la piste s'ouvrait aux entraînements, le travail dans le champ de bosses : passages en dérapage, sauts, réceptions, virages, stratégies, etc.
Quant à moi, j'avais trouvé un moyen bien personnel de bluffer les autres et de leur mettre la pression : j'arrivais systématiquement après tout le monde. Rapidement, j'avalais cinq passages précis et propres, et je repartais. À leurs mines déconfites, je savais que ce petit jeu déstabilisait les équipes étrangères. Cela faisait partie du double objectif que je m'étais fixé à l'entraînement : repousser mes limites en montant le niveau d'un cran à chaque fois et déstabiliser mes adversaires. J'adorais les périodes d'avant course car les batailles psychologiques m'occupaient l'esprit. On s'observait, on se défiait, et je continuais de visualiser ma course parfaite...

À treize heures, le clan français se retrouvait pour le déjeuner. Aux Jeux Olympiques, seuls quatre coureurs par nation étaient sélectionnés. Olivier Allamand était mon pote de chambre et mon plus valeureux adversaire. Youri Gilg et Eric Berthon étaient les deux autres sélectionnés.

Vers 16h, on rejoignait le gymnase de Tignes pour un footing, suivi de séances de récupération couplées à des exercices destinés à oxygéner les muscles. Enfin, quelques matchs de sport collectif finissaient de parfaire notre journée sportive. Le quartier libre du début de soirée était consacré à des visites et des coups de fil à nos proches. Nous avions encore la possibilité de passer trois quarts d'heure entre les mains du kiné pour soulager les tensions musculaires au niveau du dos, des bras et des jambes. L'ambiance était à la bonne humeur, nous étions tous très impatients de voir le famcux jour arriver... À 22h30, extinction des feux. J'avais du mal à trouver le sommeil tant j'étais excité par la perspective de la finale... Avant de dormir, je visualisais la course parfaite... puis petit à petit, la fatigue accumulée des journées d'entraînement avait raison de mes insomnies et je sombrais dans un long sommeil duquel je ne m'extirpais qu'à la sonnerie du réveil...

Quand on rêve le monde...

Il y a de longues périodes d'attentes avant de passer à l'action. Parfois positives, parfois négatives, ces temps morts étaient souvent des moments de gamberge... Des doutes m'envahissaient : « et si je me plante ! », « n'ai-je pas été trop arrogant ? », « ai-je fait les bons choix ?... », « j'aurais mieux fait de me taire ? ». Parfois je voyais se dérouler le scénario catastrophe : un ski qui casse, une fixation qui déchausse, de là buée qui envahit mes lunettes... Mais à chaque fois, je décidais d'inverser la vapeur en imaginant la course idéale. Je me disais que ce n'était pas le moment d'avoir des pensées négatives sous prétexte que je n'étais pas prêt. Évidemment je n'étais pas prêt car je n'étais pas dans le portillon de départ. Je ne pouvais pas disposer de toutes les informations. Je me rassurais ainsi, en prenant conscience qu'il me restait encore des données à ingérer et que seulement au moment de passer à l'action je saurais être complètement en accord. Néanmoins, j'avais le sentiment que ma vie allait basculer, du bon côté... Malgré mes doutes, j'étais parfaitement calme. Ma bulle me protégeait. Rien ne pouvait m'arriver, je n'étais pas celui que je rêvais d'être, j'étais simplement moi-même. J'étais parfaitement aligné sur mon objectif, et je me délectais de chaque instant. Le passé n'avait plus de résonance, l'avenir n'était pas à l'ordre du jour. Chaque seconde durait une minute, chaque minute, une heure.

Puis, inéluctablement, le grand jour est arrivé : jeudi 13 février.
Au petit matin, je me suis réveillé : mon cœur s'est mis à battre la chamade ! Durant cette courte nuit, j'avais refait mille fois la course dans ma tête... Dans la salle à manger de l'hôtel, de grandes baies vitrées laissaient entrevoir un temps gris et nuageux. Malgré ce ciel maussade, on apercevait le lac de Tignes et, au second plan se détachaient dans le brouillard la piste de bosses et ses oriflammes. Je me suis étiré devant ce panorama en déclarant tout haut : « belle journée pour être champion olympique ! ». Les personnes présentes dans la salle à manger ont plongé leurs yeux dans le creux de leur bol de café… Quel pied !

J'étais heureux.
Il n'était que 9h30.
Le bus de l'Équipe de France se faufilait entre les cortèges de supporters venus en masse. Au bas de la piste, plus de dix mille personnes s'étaient regroupées pour voir la course et soutenir, pour la plupart, les athlètes français. C'était absolument surréaliste, nous

y étions enfin. L'événement montait en puissance. Tout autour, le tintamarre des trompettes, les hurlements d'encouragement, le vacarme des tambours, les mouvements de la foule étaient étouffés par un sentiment de paix inébranlable. J'étais serein. Je visualisais une fois de plus ma course parfaite.

La météo n'était pas très clémente. Pire, l'annonce du bulletin prévoyait une dégradation croissante de la visibilité et une augmentation des chutes de neige en milieu de journée. Depuis son QG, Jean Claude Killy surveillait l'évolution du temps. Voyant que l'équité risquait d'être mise en défaut et de pénaliser le clan français, il s'est décidé à téléphoner à Nano avant le début de la course. Killy a proposé de reporter la compétition au lendemain car le temps serait idéal et les conditions identiques pour tous. J'étais en haut de la piste lorsque Nano m'a appelé au talkie : « On peut reporter à demain…» m'a-t-il annoncé. « Hors de question ! ». Je refusais catégoriquement de prendre cette décision. Cela aurait été un manque de confiance et une nuit de gamberge que je ne voulais vivre pour rien au monde ! Imaginez… Monsieur Killy s'est rangé à notre volonté : la course pouvait commencer.

Trente secondes d'action

Le public attendait vraiment que nous leur offrions un spectacle de qualité avec des médailles à la clé. La course des filles a eu lieu avant celle des hommes. Dans le clan français, tous les projecteurs étaient braqués sur Raphaëlle Monod, gros espoir de l'équipe féminine. Malheureusement, à cause d'une faute inexplicable juste avant le deuxième saut, Raphaëlle s'est désunie et a perdu toutes ses chances de podium.. Philippe, Nano, et tout le staff étaient immensément déçus. Mon réflexe a été de me dire « Même si nous avons beaucoup de points communs, Raphaëlle et moi n'avons ni la même histoire, ni le même destin. Il ne peut pas y avoir deux catastrophes dans la même journée ». Quand Raphaëlle a échoué, il y a eu un drôle de flottement dans l'air, comme si le temps était suspendu, comme si chacun mesurait à présent que le seul espoir de médaille d'or française s'appelait désormais *Grospiron.*

Pendant la demi-heure de battement qui précédait l'entame de la course des hommes, l'atmosphère devenait électrique. J'avais besoin de décharger quelques volts d'énergie. Je voyais tous mes potes du Fan-Club de La Clusaz agiter des cloches et chanter leurs hymnes locaux… L'envie m'a saisi d'aller les embrasser !…

Quand on rêve le monde...

Sous le regard réprobateur de Nano, j'allais désobéir… Comme pour prendre un peu plus d'autonomie, j'ai planté mes skis et mes bâtons dans la neige, enjambé les filets de sécurité et je me suis jeté dans les bras de mes amis d'enfance. Cinq minutes à hurler de joie comme des fous !… Profiter était mon seul désir… Je venais de vivre un moment exceptionnel ; l'intensité des choses n'a d'égal que la manière dont nous les vivons. Nano était bouche bée… Il m'a avoué plus tard qu'il se sentait impuissant face à ce qui se tramait. Son rôle était celui d'un spectateur privilégié. Sa mission était accomplie, c'était magique. Et il me voyait, intouchable, indomptable, libéré de la pression du public, je prenais les commandes. Alors, je me suis senti prêt pour monter au départ. « Maintenant, tu te mets dans ta course » m'a-t-il soufflé une dernière fois.

J'ai pris de l'altitude, accroché à la barre verticale du téléski. Je voyais les Jeux d'un autre œil désormais. Je me sentais uni avec tout ce monde… Nous étions liés par une promesse que les médias s'étaient enorgueillis de relayer durant des semaines… Il me restait le temps nécessaire pour vérifier avec Alain mes fixations, avec Jeannot mes skis, avec Philippe mes lunettes et la finale était lancée. Quelques mots échangés avec

Olivier pour se souhaiter bonne chance puis nous nous sommes donnés rendez-vous sur le podium... Quelques regards avec les entraîneurs américains ou canadiens. Steve Desovich, ancien compétiteur, était l'un d'eux ; je pouvais lire dans ses yeux une forme d'admiration pour ce que j'étais en train de réaliser. C'était encore mieux que de lui faire baisser le regard !...
Puis j'ai refait le film de ma vie, depuis ce rêve de gosse devenu un projet à l'âge de quatorze ans et un objectif depuis trois ans. J'étais serein, mais je n'étais pas encore concentré. J'avais la course parfaite en tête... Appelé à me présenter dans le portillon de départ, j'étais le dernier à partir. Devant moi Olivier Allamand s'est élancé dans un tonnerre d'acclamations. C'était une indication supplémentaire que je n'avais pas eue à l'entraînement. Nous attendions son résultat avant que je puisse m'élancer. C'était chose faite puisqu'il avait pris la tête du classement provisoire. Philippe est revenu auprès de moi, il n'a rien eu besoin de me dire, il avait simplement confiance. Je pouvais enfin me concentrer. J'avais toutes les données en main : le classement, la météo, le public, l'enjeu, la piste, la neige... Ma stratégie était enfin claire. Plus que vingt secondes. Tout dépendait de la qualité de mes gestes. Je me suis focalisé sur trois choses : mettre mes bras

devant, franchir la ligne, faire trois virages supplémentaires et là, ce serait fini. Je regardais cette piste, j'entendais les spectateurs, je sentais une pression mais plus de tension et je prenais de grandes respirations comme pour me nourrir de l'énergie ambiante. Cette descente était inscrite en moi désormais. Je pouvais dérouler la course parfaite… Je me frottais la poitrine… 3...2...1… je déclenchais chaque geste exactement comme je l'avais imaginé, au virage, à la courbe, au saut près : un merveilleux moment de grâce comme nous en connaissons peu dans une vie. J'ai réalisé ces gestes simples à la perfection. Pas une fraction de seconde, je ne les ai oubliés, ma course était ainsi maîtrisée.

Quand j'ai franchi la ligne d'arrivée, j'ai levé un poing victorieux en direction de la cabane où était resté Philippe Bron. Les gens autour n'en finissaient plus d'applaudir, de crier, d'agiter les drapeaux. Et moi, au milieu de toutes ces couleurs, de ces bruits, de ces acclamations, je me suis retrouvé complètement submergé par l'émotion, foudroyé par le bonheur ! J'ai eu une douce pensée pour Jacques Regard, pour cet homme qui avait décelé mon potentiel et qui avait compris l'essence de ma nature. Jacques était décédé quatre mois auparavant à bord d'un petit avion ; ce jour-là, jeudi 13 février 1992, dans le tumulte de la liesse générale, je lui dédiais ma victoire.

Dans la soirée, la couleur noir bleuté du ciel, parsemée de lueurs brillantes, enveloppa la cérémonie de la remise des médailles qui eut lieu au village de Tignes. Quand le drapeau et l'hymne français se sont élevés dans ce ciel scintillant de flocons et d'étoiles, une vague d'apaisement et d'euphorie m'a submergé. Mon existence, plus que jamais, avait pris un sens par le ski de bosses. La quête de performance m'avait permis de vivre dans la moëlle du bonheur. Ce titre m'offrait une exposition radieuse. Le moment était grandiose : toutes les personnes qui comptaient dans ma vie étaient là, autour de moi, fidèles et heureuses. J'attendais des larmes qui ne vinrent pas, mais j'étais pourtant profondément ému. Je repensais à mes premières virées dans la poudreuse d'Avoriaz avec Patrick Vuarnet, les entraînements avec l'équipe de jeunes skieurs artistiques, mes potes, aux valeurs transmises par mes parents, à cette notion de responsabilité qui m'avait entraîné sur le circuit Coupe d'Europe, puis sur le circuit Coupe du Monde... Je repensais au mot « sacrifice », que pourtant je déteste.

Quand on rêve le monde...

On dit qu'on voit défiler sa vie avant de mourir. Ce soir-là, perché sur la plus haute marche du podium Olympique, j'ai vu défiler ma jeunesse… Bien vivant et déterminé à le rester rien que pour les quelques fêtes à venir !… J'avais le sentiment d'avoir été parfaitement centré et cadré sur mon objectif, à tel point que je m'étais senti proche d'un état de toute puissance, d'invulnérabilité et d'invincibilité. Fidèle à moi-même, j'avais fait en sorte d'être le leader incontesté, je m'étais créé un destin. Moi qui avais horreur des frustrations, j'étais en quête permanente de plaisir, comme pour éviter toute douleur et cela m'avait réussi. Je n'avais jamais voulu me résoudre à une existence banale, avec des émotions bridées, des croyances ternes et négatives, sans passion ni but. Je n'avais eu qu'un seul objectif : donner le meilleur entre un portillon de départ et une ligne d'arrivée. Vingt-deux ans venaient de s'écouler…

Il y eut des instants de vérité extraordinaires : dans les yeux de Nano, dans ce sport qui était aussi et surtout notre école de la vie, je lus que le gamin exubérant des débuts était devenu quelqu'un, tout simplement. Nano, en allant bien au-delà de son métier, avait accompli sa mission : faire de nous, des athlètes responsables, respectueux et résolument performants.

Entretien avec Nano Pourtier (suite et fin)

Ce fameux jour olympique de février 1992, je me sentais complètement impuissant à ce qui allait se passer, j'étais un spectateur privilégié ; je n'avais qu'un mot à la bouche : « magique », c'était magique, tout était prêt, Edgar était parti comme une fusée prendre un bain de foule à quelques minutes de sa course, les gars avaient tenu à ne pas reporter la course malgré les conditions maussades... Je n'avais plus qu'à assister au spectacle. Ce jour-là, Edgar a comblé toutes mes attentes d'entraîneur, il a trouvé une légitimité à mes sacrifices personnels et mes absences, à ce métier difficile et parfois ingrat. Voir grandir mes athlètes m'a empêché de vieillir.

Aujourd'hui, l'élève a dépassé son maître : la mécanique de la victoire qu'il est parvenu à décrypter me fascine. Je comprends seulement maintenant grâce à lui certaines choses que je faisais inconsciemment ou instinctivement. C'est un immense motif de fierté de constater qu'après avoir passé des années à lui enseigner des choses, c'est désormais lui qui m'apprend...

Je prenais aussi conscience que désormais, chaque seconde qui passait m'éloignerait inéluctablement de ce moment magique. C'était étrange. Est-ce que le lendemain, le petit « truc » qui faisait que ma vie avait un sens serait toujours là ? Était-ce ma dernière vraie montée d'adrénaline ? De quoi serait faite la suite ? C'est vrai qu'à ce moment-là, une part de moi s'est envolée : je venais de réaliser mon rêve.

Les diverses sollicitations et le marathon médiatique eurent tôt fait de balayer ces questions : ce n'était ni le moment, ni le lieu. En vrai épicurien, j'avais envie de profiter de cette liesse générale ; je voulais goûter toutes les joies de mon succès, faire le plein de souvenirs, me jeter dans les flots de champagne, embrasser mes proches, pérenniser cet état de grâce : le temps était maintenant à la fête !

La consécration a été doublement fabuleuse puisque Olivier, mon pote de chambre, mon ami de toujours, avait lui aussi décroché une médaille d'argent. Perfectionniste à l'extrême, Olivier était le miroir dans lequel je voulais me refléter : son talent et son intelligence avaient toujours été une énorme source d'inspiration. Ce soir-là, nous étions les deux champions...

La notoriété engendrée par cette médaille d'or m'avait immédiatement convenu : je l'avais acceptée avec ses bons côtés et ses revers. C'est en cela qu'une partie de moi m'a échappé : dans la rue, certaines personnes pensaient avoir des droits sur moi. Mais j'ai accepté le jeu et je savais poser les limites. Plus encore, j'éprouvais des devoirs envers eux : les remercier pour leur soutien. Sous les projecteurs, je me montrais tel que j'étais au quotidien : joyeux, décontracté, naturel. J'aimais plaisanter, détendre l'atmosphère, me défaire des protocoles rigides et ennuyeux : les choses étaient tellement aseptisées à mon goût ! J'aime croire qu'on peut être sérieux sans pour autant se prendre au sérieux.

Mon seul regret a été de ne pas pouvoir assister à la cérémonie de clôture des Jeux. Nous sommes repartis, direction le Japon, sur le circuit de la Coupe du Monde le jour de la clôture. Je devais défendre mon titre de N°1 mondial. C'est seulement à partir de ce moment-là que j'ai pu souffler un peu pour prendre du recul...

Quand on rêve le monde...

À peine arrivés en terre nippone, Olivier et moi avons passé un coup de fil à Michel Barnier et Jean-Claude Killy : ils étaient dans les cartons, les Jeux étaient terminés. Je les ai longuement remerciés et je leur ai dit : « c'était... fabuleux. Merci à tous les deux, sincèrement » Michel et Jean-Claude partageaient ce blues d'après match...

Au Japon, nous étions presque des stars !
Après les courses, Olivier et moi sommes allés à Tokyo faire un tour dans le quartier de l'électronique. Cherchant un hôtel pour finir la nuit, nous nous sommes rendus au commissariat le plus proche, pour leur demander un renseignement.
Les policiers japonais étaient très curieux, ils nous ont posé des questions et nous avons essayé de leur expliquer, tant bien que mal et avec médaille à l'appui, que nous étions deux skieurs et que nous cherchions simplement un endroit où dormir. Lorsqu'ils ont compris qui nous étions, un sourire a éclairé leurs visages, et ils nous ont immédiatement proposé de dormir dans une des cellules du commissariat. Enchantés, ils nous ont même donné une couverture chacun et c'est ainsi que nous avons passé notre toute première nuit en cellule !

Voilà le genre d'épisodes qui font prendre conscience de la portée universelle des Jeux, de l'Olympisme...

V
Vivre dans le rêve... brise le rêve.

Au soir des Jeux Olympiques, j'avais réalisé mon rêve de gosse, quel bonheur... et personne ne pouvait me l'enlever. J'aurais sans doute aimé que Nano me maintienne les pieds sur terre comme il l'avait fait quelques années plus tôt lorsque j'étais devenu champion du monde. Mais à cet instant, nous étions tous tellement euphoriques que personne n'a osé me faire de remarque. Durant des nuits et des jours, nous avons fait la fête.

Quand on rêve le monde...

Incontestablement, j'étais désormais Champion de France, d'Europe, du Monde, Numéro 1 mondial et Champion Olympique ! Que pouvait-il m'arriver de plus ? J'étais sur un nuage, en véritable « king of the world ! ».

Je savais qu'il fallait que je me fasse mal de temps en temps pour préserver ma place mais je n'imaginais pas que j'allais vivre la période la plus délicate de ma carrière.

J'étais arrivé là parce que j'avais beaucoup travaillé. J'avais beaucoup travaillé parce que j'avais su prendre beaucoup de plaisir. Je n'avais pas gagné tout seul, si j'avais réussi c'était bien parce que mon système fonctionnait parfaitement ; je me devais d'autant plus de remercier mon staff à l'occasion de rassemblements festifs et libérateurs.

Je m'étais inscrit dans une dynamique de progrès permanent, je savais être curieux, novateur dans mon approche et je savais m'appuyer sur mes forces pour élever mon niveau chaque jour un peu plus. J'enclenchais des spirales positives car mes croyances étaient des ressources extraordinaires et inépuisables dans les moments de doute. J'étais fier de mes performances car elles reflétaient l'ensemble de mes valeurs. Ma confiance forgeait ma puissance...

Vivre dans le rêve... brise le rêve.

Je venais de réaliser mon rêve de gosse. Désormais, je ne pouvais plus compter sur ce repère-là pour avancer et je n'en avais pas encore conscience... C'est en partie pour cela qu'une spirale d'échec s'est insidieusement mise en route...

Retour à la case transpiration

Les sollicitations étaient nombreuses et très enthousiasmantes : un jour invité par un sponsor à Dakar pour un congrès d'un heure et trois jours de fête, d'activités nautiques et d'escapades dans le pays ; un autre convié dans les plus chaudes nuits parisiennes avec les nouveaux copains du show business... ou encore à des tournois de golf prestigieux aux côtés de professionnels de renommée internationale... De plateaux télé en tournages de spots publicitaires, de séances de photos en réceptions mondaines, j'avais là de quoi me distraire invariablement chaque week-end !...

J'ai passé le printemps dans un tourbillon de paillettes et à mon retour aux premiers stages d'entraînements physiques du mois de juin, j'étais cuit. J'accusais cinq kilos de trop que les programmes de Claude m'ont fait perdre en quelques séances. La semaine était consacrée aux entraînements physiques et techniques avec l'Équipe de France, et les week-end se devaient d'être des temps de repos. Enfin… en théorie. Moi, je n'y étais plus du tout. Fournir des efforts était une chose, accumuler de la fatigue en était une autre qui ne faisait pas bon ménage avec la première…

Toujours est-il que les stages ont continué et que si mon taux de graisse diminuait, je restais à la traîne. Puis l'été est arrivé, vite, trop vite. Nous étions en stage à Tignes durant le mois de juillet. En août j'étais censé me reposer pour aborder les stages d'automne avec une santé irréprochable. Je ne l'ai pas entendu de cette oreille. À Saint-Tropez, j'ai encore fait la part belle aux sorties nocturnes… et la reprise automnale s'est révélée extrêmement laborieuse. J'étais très motivé à l'idée de m'entraîner dans les conditions idéales. Neige froide et souple, grand soleil, du public au bord de la piste, des fans qui me demandaient des autographes au téléski. L'environnement conditionnait ma motivation mais aussi ma démotivation lorsque la neige était dure, que les nuages dégradaient la visibilité et que personne n'était là pour m'encourager… Quel contraste ! Si Gérard d'Aboville avait ramé les jours de beau temps, il serait encore sur sa barque quelque part entre deux continents… Le vrai degré de motivation s'évalue les jours de grêle...

Toutefois, je restais assez confiant car j'avais de l'avance sur la concurrence et malgré la sourde fatigue que j'accumulais, mes entraînements étaient toujours productifs. J'ai abordé cette saison 1993 sans pression. Je n'avais donc pas d'ambition particulière ni de stratégie bien définie. J'ai pris les courses les unes après les autres. Celles du mois de décembre se déroulèrent convenablement. Sans ambition, je me contentais aisément des places d'honneur que j'avais toujours détestées jusque-là.
Début janvier, le circuit nous a emmenés sur le continent nord américain. Je détenais déjà la place de N°1 au classement provisoire de la Coupe du Monde, autant dire que j'étais confortablement installé. Je m'entraînais peu, je faisais bien la fête, j'étais porté par la vie, mes acquis étaient superbement préservés et je les surveillais comme le lait sur le feu… Ma technique compensait mes lacunes physiques. Ne voyant

pas l'utilité d'en faire plus, je refusais catégoriquement de me remettre en question chaque matin ; dès lors, je ne progressais plus vraiment. La peur de perdre se faisait de plus en plus insistante et pour la contrer, je décidais de prendre davantage de risques les jours de course.

La spirale vertueuse s'enraye

Mi-janvier, Lake Placid, USA.
Cette station de ski avait accueilli les JO en 1980 et les Championnats du monde de bosses que j'avais d'ailleurs remportés en 1990. Elle était réputée pour son rude climat hivernal.
La piste de bosses, arrosée par les canons à neige, comportait une surface de glace dont les aspérités étaient mal définies. Mais il s'agissait de la même piste pour tout le monde alors nous acceptions les règles du jeu malgré la grogne générale. Les entraînements dans ces conditions étaient traumatisants pour les articulations ; nous passions donc beaucoup de temps à nous échauffer.

Vivre dans le rêve... brise le rêve.

Au départ de la finale, j'avais retrouvé Philippe, qui devait assurer la vérification de mon matériel. Il s'enquit de me demander si tout allait bien. Fendu d'un large sourire, je lui annonçais : « pas de problème ! Je vais t'envoyer un 360° en haut ; personne n'a encore osé le faire ! »...

J'aimais faire des choses que les autres n'osaient pas faire, c'était ma manière à moi de faire la différence...

Nous y étions : trois, deux, un... Je m'élance, trouve mon rythme de virage après quinze mètres de course, enchaîne les virages jusqu'au premier saut. Je regarde le tremplin, dans ma tête, le mot 360° me taraude, je pousse sur la bosse pour prendre de la hauteur tout en exécutant la figure, je plane dos à la piste, du regard, je vais chercher l'endroit précis de ma réception, je vois que je vais dépasser de quelques dizaines de centimètres le point d'atterrissage, ce n'est pas grave, je vais compenser. Je me réceptionne juste derrière la bosse, dans sa partie la plus raide, ce qui a pour effet de projeter mes pieds en avant : j'ai les deux skis à la verticale devant moi, je ne laisserai pas cette course m'échapper ! Alors j'investis toute ma puissance musculaire pour récupérer le déséquilibre. À ce moment-là, je suis accroupi en arrière, je contracte mes cuisses pour me relever, et arrivé à mi-hauteur, mon

genou droit me procure une sensation étrange : mon ménisque interne est en train de se faire broyer comme un chewing-gum sous l'action d'une mâchoire.
Je relâche la pression et je m'échoue sur le bord de la piste. Je n'en crois pas mes yeux, je suis amoché… moi qui me pensais invulnérable. La blessure c'est pour les autres… je ne peux même pas poser le pied par terre… Le soir, les dispositions sont prises pour me rapatrier en France. Quand on est motivé, on ne se blesse pas. Cette blessure était une première alerte pour me faire comprendre que la spirale dans laquelle je m'étais enrôlé n'était pas celle que je pensais. Nano et mon staff n'avaient pas de prise sur moi à ce moment-là. Partant du principe que j'avais réalisé mon rêve, je croyais vivre dans une utopie constante. Et comme j'accordais plus d'importance à ma croyance qu'à la réalité, je refusais de constater le cauchemar…

Je suis rentré en France à bord d'un vol première classe : caviar, foie gras, homard, champagne et grands crus me font oublier le temps du voyage que je suis « out ». À Grenoble, le diagnostic du Docteur Plaweski fait état d'une déchirure du ménisque. A priori, pas si grave. Refusant le fait d'être blessé, je décide de ne pas me faire opérer. D'après le docteur, si je restais trois semaines en arrêt total, je pourrais reprendre le ski et finir la saison. L'enjeu est de taille car trois semaines plus tard, se déroulent les Championnats du Monde en Allemagne. Je fais le pari de rester tranquille jusque-là. Jamais je ne suis resté inactif durant trois semaines d'affilée. C'est dur ! J'occupe mon temps comme je peux et je constate qu'après les appels des journalistes, des amis ou de la famille, le téléphone cesse de sonner assez rapidement.

Les séances de kiné et de musculation m'occupent quelques heures par jour. Le reste du temps, je m'impatiente, je regarde les minutes s'écouler. Puis vient le départ pour les Championnats du Monde. Je n'ai pas retouché une paire de skis depuis ma blessure. J'attends le dernier moment pour retourner sur la neige. Deux jours avant la course, je m'octroie quelques heures de ski libre sans forcer. La veille, je pars pour trois descentes sur la piste des Championnats du Monde : mon genou double de volume.
Le matin de la course, les courbatures sont si intenses que j'ai du mal à me lever. Je me rends sur la piste avec pour seule idée en tête un pari un peu glauque, celui de concourir tant bien que mal, malgré mes doutes et ma douleur. Pendant les échauffements, je me concentre

comme à mon habitude et une fois dans le portillon de départ, je m'aperçois que bizarrement, je n'ai plus mal nulle part ! Mon esprit est centré sur ce que je dois réaliser, c'est-à-dire sur une course rapide, avec ses sauts, ses pièges, et ses gestes précis. Avant de m'élancer, je me tape énergiquement sur la poitrine. Les premiers virages sont lents et tout de suite, sur le premier saut, je me désaxe. La réception n'est pas parfaite, je skie sur une base complètement déséquilibrée : c'est une course contre les lois de la gravité qui commence. Je franchis la ligne.

J'ai perdu mon pari : je me classe 36e.

J'avais décidé de finir la saison avec l'équipe et de me faire opérer ensuite. C'est fou comme le déni est puissant... La semaine suivante, nous partons pour l'Italie pour la suite du circuit de la Coupe du Monde. Mon genou va mieux, je peux m'entraîner dans de meilleures conditions. Je termine second. La course suivante est importante, elle se déroule à Lillehammer. Nous allons découvrir la piste des Jeux Olympiques : l'objectif majeur de l'année suivante. Durant les entraînements, je me coince le genou une première fois. Notre kiné me manipule la jambe dans l'aire d'arrivée de la piste et parvient à me remettre le ménisque en place. Puis je me coince une seconde fois. Le kiné intervient à nouveau mais je décide avec l'accord de Nano de rentrer immédiatement en France pour me faire opérer. Je suis furieux après moi car je prends conscience qu'il me fallait tout cela pour accepter ma blessure : un repos forcé, une raclée aux Championnats du Monde, un genou qui se coince à plusieurs reprises. Heureusement, je ne pousse pas le bouchon plus loin. C'est la seule once de satisfaction du jour. Sans véritable projet, choisir entre persévérer et abandonner était impossible. Je préférais aller au bout de mes forces

Ainsi, j'ai rejoint le bloc opératoire du Dr Plaweski, à la fois inquiet et soulagé de passer sur le billard… Il faut savoir stopper la spirale infernale, me dis-je innocemment. Lorsque les événements négatifs l'emportent sur la vie, il faut être capable de réagir à temps. Savoir prendre une décision avant que les choses s'aggravent vraiment et deviennent irrémédiables. Là encore, cette démarche requiert de ma part de l'humilité car ce n'est pas facile à accepter. Faire partie de l'Équipe de France de ski, c'est ce qui a toujours rendu mes actions et mes décisions légitimes. Choisir de rester chez soi, c'était mourir un petit peu. J'avais donc laissé mon ego prendre l'ascendant sur mon libre arbitre en m'accrochant à mon statut de Champion Olympique. J'avais refusé d'écouter mon corps fatigué et las de mes frasques.

Quand on rêve le monde...

Au lendemain de l'opération, le réveil a été difficile : une jambe en l'air, suspendue par l'appareil de soutien et une bonne dose de morphine pour assommer la douleur. Je ne supportais pas de me voir diminué. Je suis rentré à la maison deux jours plus tard et dès que j'ai pu reposer le pied à terre, j'ai recommencé à vivre comme un oiseau de nuit : sortir en boîte, rester accroché au bar et parler, refaire le monde toute la nuit durant en éclusant des bières jusqu'au petit matin.

Un matin, je me suis levé très tard, vers onze heures, la bouche pâteuse et l'œil vide. Dans le miroir de la salle de bain, j'ai croisé mon reflet. J'étais pathétique : le visage bouffi, les traits tirés, la mine grise, des vapeurs d'alcool et de clope qui semblaient suinter par tous les pores de ma peau, mes cheveux et mon tee-shirt qui empestaient l'air vicié de l'établissement qui avait abrité ma nuit infernale… L'air amaigri, les yeux cernés de fatigue, la peau d'une pâleur inhabituelle, je n'étais plus que l'ombre de moi-même… Me voir dans cet état lamentable m'a fait l'effet d'une décharge électrique : « mon pauvre gars... tu te prends pour un champion, mais regarde-toi... tu ressembles à rien, ou si, à une loque humaine ». « Quelle horreur d'en être arrivé là ! Je me prends pour un Champion

Olympique, mais lorsque je me regarde dans la glace, je ne vois rien d'un champion, ni d'un athlète, encore moins d'un sportif. Je ne suis plus tout cela car je me suis laissé partir dans un gouffre déprimant sans rien faire. Je sors en boîte pour oublier mon état physique et j'y dégrade mon état psychique ». Il me manquait vraisemblablement quelque chose que je n'arrivais pas encore à définir pour reprendre goût au ski et à la discipline. J'étais champion parce que j'avais des rêves ! Je suis resté scotché dans le passé. Je n'ai plus de rêve, les seules choses qui m'obligent à me lever le matin sont les programmes de rééducation, quelle horreur !
La vision que me renvoyait le miroir était si édifiante que j'ai décidé ce matin-là de stopper l'hémorragie.
Les entraînements avec l'équipe de France n'allaient pas tarder à reprendre avec les stages de préparation physique. J'avais bâclé mes séances de rééducation chez le kiné et foutu en l'air les deux mois qui s'étaient écoulés depuis l'opération.

Il me manquait ce quelque chose qui me faisait lever le matin… J'avais en tête une phrase qu'avait dite un jour Maître Sicard, l'entraîneur national d'escrime « il y a toujours une défaite dans la victoire et une victoire dans la défaite ». J'étais confronté à la défaite dans la victoire. Cette défaite était mon incapacité à me remettre en question, pour redonner du sens à ma vie et faire vivre de nouvelles utopies. Je compris alors que si je voulais m'en sortir, je devais d'abord redonner du sens à mon rêve de gosse ou en trouver un nouveau. Car ce n'était pas en vivant dans le passé, ni confortablement installé dans la facilité d'un titre olympique que j'allais réussir. Depuis les Jeux, depuis ces deux années qui s'étaient écoulées, je me rendais compte que je ne rêvais plus. Au contraire, je me complaisais dans une zone de confort délicieuse. Or, on n'apprend strictement rien des expériences délicieuses. Si cela m'avait conduit quelque part, c'était bien là, devant ce miroir, devant ce constat pitoyable qui entachait mon intégrité de toutes parts : sur le plan physique, je souffrais, sur le plan psychique, j'étais au fond du trou, je doutais de moi et sur le plan de la motivation, je n'avais plus aucune ambition, plus aucune envie. À force de refuser mes échecs, c'est toute ma vie qui devenait un échec.

Vivre dans le rêve... brise le rêve.

« Si tu peux voir détruit l'ouvrage de ta vie
Et sans dire un seul mot te mettre à rebâtir.
Ou perdre en un seul coup le gain de cent parties
Sans un geste et sans un soupir. »

VI
Prophète en mon jardin…

Retrouver du rêve

C'est une belle matinée de printemps, le soleil illumine les montagnes qui surplombent le lac d'Annecy.
De ma chambre j'aperçois quelques personnes faire leur footing sur les rives du petit port, d'autres se promener avec leurs enfants sur la plage d'Albigny. Je suis en train de comprendre que c'est en regardant devant que je vais devenir un nouveau champion.

Quand on rêve le monde...

Nous sommes le 28 mai 1993.
Je dispose de vingt et un mois pour préparer les prochains Championnats du Monde. Peut-être la course la plus folle de ma carrière car elle se déroulera à La Clusaz, la station de mon enfance, sur la piste qui m'a vu exécuter mes premiers virages dans les bosses. Je sais que je suis déjà devenu le meilleur skieur du monde et qu'en remportant les Jeux Olympiques, je suis devenu « prophète en mon pays » mais que tout ceci n'est rien si je ne remporte pas les Championnats du Monde de La Clusaz. Or, je ne peux me satisfaire d'être le meilleur skieur du monde si je ne suis pas « prophète en mon jardin ». Remporter ce titre, c'est pour moi une manière de valider tout ce que j'ai réalisé auparavant. Je me dis à ce moment-là : « tu gagnes et tu raccroches ».

Mon modèle s'appelle Jean-Claude Killy. Il a su sortir par la grande porte, c'est la « marque des seigneurs » me suis-je dit. Voilà mon rêve qui reprend de la densité désormais. Cette nouvelle ambition me procure l'envie d'en découdre et me fait peur aussi car une multitude de questions se posent à moi : et si tu échoues ? en seras-tu capable ? N'oublies pas que tu es blessé… et si tu te blesses encore ?… Ces questions me fichent le vertige ! Alors je les balaye d'un revers de la main : « Ce n'est pas le moment d'y répondre ! » me dis-je. « Le temps me permettra de trouver des réponses et si je n'essaye pas, de toute façon, je n'y arriverai pas ! ».

La semaine suivante, je retrouve mes copains et mes entraîneurs sur le premier stage de l'équipe de France à Évian. Ils me branchent parce que j'ai grossi et que j'ai une tête de zombie… Pourtant, l'après Jeux Olympiques n'avait pas été très glorieux pour l'équipe. Les résultats étaient moins bons qu'à l'accoutumée. Notre président avait déposé sa démission auprès de la Fédération, entraînant dans sa chute Nano Pourtier…

Si tu sais méditer, observer et connaître,
Sans jamais devenir sceptique ou destructeur,
Rêver, mais sans laisser ton rêve être ton maître...

Retrouver de la sérénité

Claude, l'entraîneur physique m'avait donné un programme d'entraînement avec des échéances pour mesurer mes progrès. C'était reparti ! Mes frasques étaient derrière moi. Je pouvais enfin me projeter sur ce que je voulais vraiment. J'étais heureux d'avoir des programmes parce qu'ils répondaient à une ambition retrouvée, celle de remporter un ultime titre de Champion du Monde à La Clusaz et d'arrêter ma carrière sur cette victoire. Skier avec panache et sortir par la grande porte ! Compte tenu de mon état physique, cette nouvelle ambition pouvait paraître démesurée. Toutefois, j'avais eu le temps de bâtir ce retour.
Le temps est un allié précieux qu'il faut savoir utiliser. Rome ne s'est pas faite en un jour. Un champion, c'est pareil. Surtout après une blessure… Durant cette période de remise en forme, j'ai appris à m'écouter. Ce n'était pourtant pas une qualité chez moi. Il a fallu me brider, renoncer à reprendre le ski avant d'avoir retrouvé 100% de ma souplesse au genou et une musculature adaptée. Et lorsque je suis remonté sur les planches, j'ai dû m'armer de patience pour canaliser ma fougue. L' « après » Jeux Olympiques avait créé sans que je m'en rende bien compte un vide étrange résultant de

l'absence immédiate de challenge. J'avais glissé vers des occupations secondaires et je me rendais compte qu'après être tombé au plus bas, j'étais en train de mûrir une nouvelle approche des choses. J'ai considéré mon avenir avec un peu plus de recul et de réflexion, admettant d'autres paramètres tels que l'échec, la blessure, la douleur, la frustration non plus comme des maux à éviter mais plutôt comme des données à intégrer.

Retrouver de l'instinct

Jusqu'en novembre, nous avons travaillé. À l'approche de la première course de décembre, à Tignes, je regardais évoluer le nouveau Champion du Monde, le Québécois Jean-Luc Brassard, qui avait remporté le titre l'année d'avant. Jean-Luc skiait tout en finesse, son toucher de neige était admirable ; on avait l'impression qu'il était en permanence collé à la neige. Nous développions des qualités très différentes. Alors que Jean-Luc excellait dans la fluidité des mouvements, mon style était tout en énergie et en vitesse. Il était devenu l'homme à battre en une saison. Au début, j'ai eu tendance à vouloir l'imiter, à vouloir ralentir pour être plus précis,

mais plus je cherchais à le copier, moins j'éprouvais de plaisir à skier. Mon instinct était complètement brimé, j'avais le temps de réfléchir en skiant... Mais rapidement, j'ai perdu le plaisir car je n'éprouvais aucune satisfaction à ralentir pour gagner en fluidité. Mes entraîneurs corrigeaient mes défauts. Je n'étais plus dans l'optimisation de mes points forts, il s'en est suivi une perte d'énergie chaque jour un peu plus dévastatrice pour ma motivation…
Les premières courses arrivèrent vite. Jean-Luc était au sommet de son art et moi je ramais pour jouer dans sa cour. Les résultats étaient à l'image de mon plaisir : absents !

J'ai parlé avec Philippe et nous avons conclu que le meilleur moyen de gagner n'était pas d'aller sur le terrain imposé par Jean-Luc mais de reconquérir le mien, c'est-à-dire de m'imposer par la vitesse et les sauts. D'être encore plus spectaculaire qu'avant ! Dès lors, j'ai cherché à retrouver mon instinct et à le développer. Très vite, le plaisir instrumental est revenu pigmenter mes entraînements. Le sourire aussi. Les résultats ont suivi. Un an après ma blessure, je remontais sur la première marche d'un podium de Coupe du Monde, nous étions à Lake Placid… Donner du sens ne suffit pas pour réussir. Prendre du plaisir à ce que l'on fait est également un carburant indispensable pour être à la hauteur des exigences qu'impose le sport à ce niveau. Nano m'avait légué un savoir : on ne réussit pas en dehors de ses forces. Il avait utilisé mon plaisir comme un levier de réussite. C'était une évidence pour moi, c'est devenu une loi.

Retrouver de la ressource

1994.
Sur un plan stratégique, j'avais choisi de privilégier le classement de la Coupe du Monde par rapport aux Jeux Olympiques de Lillehammer. Comme gage de régularité et de constance, j'avais besoin de me prouver que j'étais capable de tenir une saison entière au plus haut niveau. Cela allait dans le sens de ma préparation en vue des Championnats du Monde de La Clusaz. Tandis que j'abordais les Jeux de Lillehammer sans grandes ambitions, je développais des attitudes passives que je ne me connaissais pas jusque-là. Lorsque les journalistes me demandaient d'afficher mes prétentions, je racontais que la piste était trop plate et donc

peu sélective, que mon style ne convenait pas à ce type de relief… Bref, beaucoup d'excuses pour justifier un cruel manque de confiance en moi. Mon implication aux entraînements avait été modeste et le jour de la course, j'ai décidé de me mobiliser à fond pour enfin libérer l'énorme potentiel dont je disposais mais que je n'avais pas encore réellement exploité. Au départ de la finale, je me suis concentré comme à mon habitude. Les bras devant, la ligne d'arrivée, trois virages encore et c'est terminé. Me frappant la poitrine, je décidais de pousser énergiquement deux fois sur mes bâtons au départ. Lorsque ce fut le cas, je me suis surpris à trouver ma vitesse idéale en quelques mètres seulement. Cette vitesse m'a permis de ricocher sur les bosses et de skier de façon ultra fluide ! Je n'avais encore jamais réussi à emmener autant de vitesse avec moi et à déployer autant de plaisir… Je me suis envolé sur le second saut. Mes réceptions étaient parfaites, mes bras bien devant, j'ai vu la ligne d'arrivée et je me suis vu gagner ! Le temps de me visualiser en train de gagner et c'était déjà trop tard… ce relâchement dura une fraction de seconde, juste le temps pour mes skis de se croiser et de partir en déséquilibre… Les juges n'ont pas hésité à me retirer des dixièmes de points, me privant ainsi des métaux les plus brillants. Les meubles étaient sauvés grâce à une médaille de bronze mais je peux vous dire que je baignais dans la déception. Une faute de débutant ! Je le savais pourtant !... Je me le répétais à chaque départ : faire trois virages après la ligne d'arrivée pour considérer que la course était terminée. En confondant vitesse et précipitation, j'ai relâché quelques atomes de concentration et la sanction est tombée. C'est aussi cela le ski de bosses. Un petit écart au début et une grosse déception à l'arrivée. Je suis certain que si j'avais cru en mes chances dès le départ, plutôt que de me trouver des excuses aucun grain de concentration ne serait venu enrayer et perturber mon esprit. Je sais aujourd'hui que le cerveau renforce ce sur quoi il est centré. Manifestement, depuis le début de la compétition j'étais centré sur du négatif, une fois encore, je donnais plus raison à des croyances qui me limitaient qu'à quelque chose qui me stimulait. Voilà ce qui fait la différence entre un champion et un autre : la croyance. Je l'avais appris à mon profit en 1991. Je le vérifiais à mes dépens trois années plus tard... La performance est fille de la discipline. Même si on ne gagne pas deux fois de la même manière, les grandes lois restent les mêmes. Nano avait raison lorsqu'il nous disait : « si la technique évolue d'une époque à l'autre, les comportements restent implacablement les mêmes ».

Retrouver des fondamentaux

La seconde leçon que j'ai retirée de cette finale olympique à Lillehammer, c'est que pour réussir, il faut une vraie dose de rigueur. Une course se gagne après la ligne d'arrivée, pas avant. J'avais une concentration défaillante parce qu'au fond de moi, je n'y croyais pas. J'étais devenu euphorique à la réception du second saut parce que je m'étais surpris à skier formidablement bien. Le manque de contrôle de mes émotions m'a fait perdre une partie de ma lucidité. Dès lors, mon esprit s'était centré sur le résultat plutôt que sur le geste. Je me suis vu l'emporter cette course ! C'était un peu tôt pour le juger ainsi. Il me restait quelques mètres à parcourir et ils me furent fatals.

Au final, cette saison-là, j'ai terminé premier du classement Coupe du Monde et médaillé de Bronze aux Jeux. J'étais sur la voie. Le printemps et l'arrivée des vacances m'ont apaisé. Il m'a fallu trois mois pour accepter l'erreur de Lillehammer. J'y pensais chaque nuit. Cela m'obsédait : comment avais-je pu faire une erreur aussi bête ? Et puis j'ai dû me résoudre à l'accepter, à cesser de comparer cette course à une autre, à me défaire des jugements négatifs que je portais sur ma préparation, à revenir dans l'instant présent plutôt qu'à rester accroché à ce passage douloureux et à renoncer à mes pensées habituelles. Alors, je me suis pardonné. C'était ma seule issue pour me remettre vraiment dans une bonne perspective en vue des Championnats du Monde.

Retrouver de l'harmonie

L'été, les stages de préparation se sont enchaînés. Ma vie sentimentale me conduisait quasiment tous les week-end à Paris. J'y vivais une idylle, loin de l'équipe de France, loin de Philippe et Claude, loin des autres. Régulièrement je téléphonais à Nano pour échanger dcs nouvelles mais nos relations s'étaient réduites à leur plus simple expression : « Salut ça va ? ». « Ouais, ça va… ». « Et toi ? ». Olivier, avec qui je partageais une chambre dans notre résidence de Tignes me posait des questions comme à un étranger. Je m'impliquais dans ma préparation de manière à être à la hauteur de mes ambitions. Je respectais mes temps de repos et je ciblais le travail de renforcement musculaire au niveau de mes genoux. Pourtant, une partie de moi était ailleurs. La joie de retrouver l'équipe, le plaisir de partager des moments forts avec mes entraîneurs, l'envie de faire la fête n'y étaient plus. Je me construisais dans un monde alternatif, je n'arrivais pas à profiter pleinement des moments et des gens avec qui je me trouvais. Lorsque j'étais à Paris, je culpabilisais ; à Tignes, je n'étais pas concentré non plus. On ne peut pas être au four et au moulin, je n'étais ni au four, ni au moulin. Les liens se dégradaient sur les deux tableaux, il m'a fallu vite retrouver des priorités, prendre des décisions et exprimer mes sentiments. Les choses se sont clarifiées avec Philippe et l'équipe. Mes ambitions étaient claires, je ne voulais pas me marier, j'avais envie de remporter un ultime titre de Champion du Monde. La flamme s'est consumée, j'étais incapable de concilier le sport de haut niveau avec autre chose. Il me fallait être à 200% impliqué pour réussir. J'ai retrouvé mes coachs, mon équipe et je me suis senti à nouveau bien parmi eux. Les conversations au salon après les séances d'entraînements ont repris. Les échanges ont redonné de la dynamique à nos relations. Lorsque les progrès étaient effectifs, que des paliers étaient franchis, nous savions en faire des moments de fête qui renforçaient notre cohésion.

Retrouver de la détermination

Les résultats du début de saison se sont mal enclenchés : de mes rivaux, le Russe Sergueï Shupletsov était le plus affûté physiquement. Techniquement, il avait réussi à combiner la synthèse entre le touché de neige de Brassard et ma vitesse. Son style était impressionnant ; quant à son mental, autant dire que la température de sa Russie natale lui permettait de garder la tête froide en toutes circonstances… Tandis que Jean-Luc, Champion Olympique de l'année précédente, surfait sur la vague… si vous voyez ce que je veux dire.

Assez agacé de perdre la première course de la saison à Tignes pour un centième de point derrière Sergueï, je positivais en pensant à la prochaine étape et aux progrès que j'avais encore à fournir d'ici là. En revanche, la seconde course fut le théâtre d'une immense frustration pour moi. Pour la première fois, je tentais un saut inédit, enrobé d'une technique bien personnelle et le tout à une vitesse supérieure : les juges n'ont pas été convaincus. Je fus classé deuxième derrière Sergueï, une fois de plus… Les deux courses suivantes furent aussi remportées par notre homologue russe. Jean-Luc et moi étions là, en embuscade mais à aucun moment,

Quand on rêve le monde...

Sergueï ne nous a laissé l'ombre d'une chance. J'étais furieux ! Pire encore, je repoussais les lois de la gravité à chaque passage, mais rien n'y faisait.. Les juges restaient désespérément sourds à mes sirènes. Je commençais à m'impatienter sérieusement, les Championnats du Monde arrivaient et je n'avais encore rien gagné. Jamais je n'avais connu une telle adversité et autant de désillusions. Sergueï était indiscutablement très fort et Jean-Luc ne lâchait rien. J'étais pris dans ce tumulte et je n'avais pas l'intention de céder une molécule de flocon. Les entraîneurs français, canadiens, russes et américains assistaient presque impuissants à nos luttes, à nos joutes, à nos affrontements. Nous avions creusé un tel écart sur les autres que les journalistes nous surnommaient « le Bon, la Brute et le Truand ». Jean-Luc était un mec bon comme du bon pain, Sergueï, une vraie brute de travail, et moi, avec ma grande gueule, j'avais évidemment le rôle du truand !

Il restait donc deux courses avant les Championnats. Sergueï a fait l'impasse sur l'avant-dernière épreuve pour récupérer du décalage horaire entre la tournée américaine et notre retour en Europe ; il a ouvert une brèche dans laquelle je me suis engouffré immé-

diatement. J'ai gagné ces deux courses et suis arrivé à La Clusaz avec le vent en poupe. J'étais sur deux victoires, Sergueï sur un échec, Jean-Luc, toujours en embuscade.
La pression était énorme. L'émotion aussi. « C'est dans les moments difficiles que l'on considère le mental d'un champion » nous répétait Nano. Je voulais être un champion. Porté par mon rêve, cette identité avait de la puissance à mes yeux. Et cette puissance me permettait de rester axé sur mon objectif. Je n'allais pas laisser tomber si près du but. Je savais que la victoire n'allait pas se libérer de manière aussi évidente qu'à Albertville et j'avais d'excellentes raisons de ne rien lâcher... Depuis mon titre de Champion Olympique, je me connaissais mieux, je développais une plus grande capacité à me fier à mon instinct pour m'adapter à la situation, à l'enjeu, à l'adversité, au courage, à l'abnégation, je disposais d'une meilleure acuité de mes forces pour transcender mes doutes, renforcer ma confiance et ainsi établir de nouveaux standards de qualité.

« Si tu peux être dur sans jamais être en rage,
Si tu peux être brave et jamais imprudent... »

Retrouver de l'équilibre

J'étais au départ de la dernière course de ma carrière. Gagner était synonyme de reconnaissance et d'accomplissement, deux piliers fondateurs de ma quête. La reconnaissance était le plus beau cadeau que les courses m'apportaient. Ni l'argent (que j'avais dépensé), ni ma médaille, qui se trouvait au Musée d'Albertville ne me comblaient autant que la reconnaissance, la lueur de gratitude et d'admiration présente dans le regard des autres. L'accomplissement veut que lorsque nous atteignons un objectif, la nature humaine nous mène à viser plus juste. Parce que le bonheur se mue dans cette démarche, j'avais besoin de défis toujours plus riches de sens.

La Clusaz m'avait adopté parmi ses Champions. J'étais sur les traces de Guy Perillat, que la population adorait. Ces Championnats du Monde étaient l'œuvre du Club des Sport. Jacques Regard – encore lui – avait initié la candidature que son équipe avait obtenue peu après. Toute la région s'était mobilisée pour l'occasion. Au pied de la piste, ils étaient dix mille ! J'avais l'impression de connaître le prénom de chaque personne. Cinq minutes avant mon passage, le public s'est mis à scander le mien. Énorme vacarme ! Sergueï occupait la tête du classement provisoire, j'attendais patiemment de partir. Une fois de plus, j'étais le dernier à m'élancer. Des larmes me sont montées aux yeux. Je perdais le contrôle de mes émotions. La buée envahissait mon masque… Les gens criaient de plus en plus fort, j'ai craqué quelques instants...

La pression était inhumaine et l'émotion trop puissante. Le visage entre les mains, j'étais transporté entre la joie d'être là et la peur d'échouer. Ça m'a fait du bien de pleurer. J'ai pu recouvrer mes esprits… « La course, c'est maintenant... Si tu as peur, c'est que ton esprit n'est pas centré sur les gestes... Bras devant, ligne d'arrivée, trois virages après la ligne et c'est fini »… Ainsi la pression de l'enjeu a laissé place au plaisir du jeu. J'avais grandi sur cette piste, j'étais devenu adolescent entre ces bosses.

Je la connaissais les yeux fermés.
Philippe m'a apporté des lunettes sèches. Le public pouvait s'époumoner, j'avais retrouvé ma bulle, l'esprit centré sur mes trois priorités.

Quand on rêve le monde...

Seul, entre ce portillon de départ et la ligne d'arrivée,
j'étais sur un nuage.
Je retrouvais ma nature, instinctive et sauvage.
Et puis, trois virages après la ligne, je vous ai salué.

« Si tu peux rencontrer triomphe après défaite
Et recevoir ces deux menteurs d'un même front
Tu seras un homme, mon fils. »

Kipling

2ème PARTIE
Les mécaniques

Prologue

On peut se demander ce qui a bien pu me motiver à écrire un livre plus de dix ans après l'arrêt de ma carrière. Ce que je sais aujourd'hui de la performance et de la motivation est infiniment plus grand que ce que je savais durant ma carrière.

Lorsque je skiais, je me préoccupais de mon physique, de ma technique et plus rarement de mon mental. J'avais développé une croyance puissante car je me disais toujours : « Le mental, c'est inné, on l'a ou on ne l'a pas. Moi je l'ai, un point c'est tout ». C'était une des meilleures réponses que j'avais lorsque je doutais. Je sais aujourd'hui que mon système de croyances était composé de ressources telles que celles-ci. Toujours est-il que j'ai eu besoin d'en savoir plus sur le fonctionnement d'un cerveau dans l'adversité. Les dix années qui me séparent de ma retraite sportive ont été riches d'enseignements et de remises en cause personnelles. Et ce sont ces enseignements que je veux vous faire partager.

Aujourd'hui, avec le recul, je m'aperçois que réussir n'est pas lié à la conjoncture externe. La preuve en est que j'ai remporté des Jeux Olympiques en 1992 alors que la conjoncture m'était très défavorable : une météo horrible, une pression d'enfer et beaucoup d'adversité. J'ai également perdu lors des Jeux Olympiques en 1994 alors que la conjoncture me souriait : une météo superbe, une pression inférieure par rapport à Albertville, une adversité moins forte... La conjoncture est identique pour tout le monde. Par contre, mon implication personnelle n'était pas du tout la même. Ce que je veux vous dire par là, c'est que la « conjoncture » n'est jamais le problème. Le véritable problème est de savoir quelle énergie j'investis pour atteindre mes buts ?...

Ce que j'ai constaté, c'est que j'ai eu deux façons d'investir de l'énergie. L'une m'a inscrit dans une dynamique de *leader*. L'autre, dans une dynamique de *loser*. C'est justement cela que je voudrais vous faire partager dans cette seconde partie du livre.

Et pour cela, je vous parlerai de motivation.

Pourquoi la motivation ?

Parce que l'énergie positive qui me mettait dans une dynamique et une configuration de *leader*, c'est la motivation.

Lorsque j'ai entendu Jean Noël Gaume pour la première fois intervenir en conférence, il a transposé le concept de performance à travers cette équation :

P = C x M

Autrement dit, la **Performance** est toujours le produit d'une **Compétence** multipliée par une **Motivation**.

Quand on rêve le monde...

Cette équation, fondement du cabinet de consultants du CRECI, parue dans le « Journal of world Business » en 1952 dans un article écrit par Messieurs Gallager et Einhorn a clarifié beaucoup de choses pour moi. En effet, lorsqu'au début de ma carrière, à l'âge de 18 ans, j'étais hyper motivé mais pas vraiment compétent par rapport au niveau mondial, mes résultats furent bien au delà de mes espérances. C'est d'ailleurs de cette manière que j'ai pu me qualifier, course après course, pour participer aux Jeux Olympiques de 1988 à Calgary... Plus tard, à l'âge de 22 ans, alors que j'étais le plus compétent – tout du moins sur le papier – les titres parlaient en ma faveur : Champion de France, Champion d'Europe, Champion du Monde, N°1 mondial... J'étais également le plus motivé pour remporter les Jeux Olympiques à Albertville. J'en veux pour preuve les annonces répétées dans la presse où je déclarais : « ne vous inquiétez pas, je vais gagner ! ». Ce qui a d'ailleurs beaucoup choqué, amusé, voire enthousiasmé ! Hyper compétent, hyper motivé, le résultat était à la hauteur de mes espérances : Champion Olympique !

Là où l'équation prend du sens pour moi, c'est qu'après les Jeux d'Albertville, j'étais indiscutablement le plus compétent sur le papier. Je venais d'accrocher le plus beau titre à mon palmarès et les détenais tous à la fois. En revanche, en termes de motivation, il y a eu comme un creux. Je me souviens que j'étais particulièrement heureux d'aller m'entraîner lorsque les conditions de neige et la météo étaient belles et le public nombreux autour de la piste. Par contre, lorsque la neige était dure, le ciel était gris et qu'aucun spectateur n'errait dans les environs, alors mon goût pour le ski de bosses s'érodait pernicieusement. Or, une saison composée de douze à quinze courses se gagne lors des préparations physiques et techniques qui se tiennent durant l'été et l'automne sur le glacier de Tignes. C'est là que la motivation est primordiale. Nano disait toujours : « On ne gagne pas une course le matin de la course. On la gagne à l'entraînement... ».

Au départ de la course, on peut penser que tout le monde est motivé pour gagner. Dès lors, ce n'est plus une question de motivation, c'est une question de mental... Et c'est dans ces moments difficiles que l'on donne du sens à ses combats. Ceux qui payent de leur personne à l'entraînement savent mieux que les autres pourquoi ils veulent gagner les compétitions. Or, après avoir tout réussi, je préférais largement faire la fête avec mes nouveaux copains du show-business à Paris

que d'aller m'entraîner dans des conditions pénibles à 3600 mètres d'altitude. Dès lors, ma motivation à atteindre des sommets sur lesquels je me trouvais déjà avait flanché. Toujours est-il que les résultats du début de la saison suivante étaient très satisfaisants et que j'avais l'impression de surfer sur ma vague au mois de décembre. Le problème, c'est que lorsque mes adversaires sont montés en puissance au mois de janvier, je me suis blessé : accident du travail...
Si compétence élevée et motivation nulle : performance nulle.

Si je souhaite aujourd'hui vous faire partager les clés de cette énergie qu'est la motivation, c'est parce que votre compétence, en tant que collaborateur d'une entreprise, dirigeant, parent, athlète ou politique, je ne la connais pas. Par contre, les principes qui forgent une motivation sans limites et sans failles sont ma spécialité.

Depuis 2001, je travaille sur les concepts de la motivation avec le CRECI et également comme coach certifié auprès de l'Institut Coach-Up et son créateur David Lefrançois avec qui je poursuis une formation liée aux neuro-sciences. Je m'intéresse également à la communication interpersonnelle grâce à un outil développé

par le PhD Taibi Kalher, la Process Communication©
que j'utilise pour former des managers, dirigeants et
dans mes coachings.
J'ai réussi dans le ski parce que je passais 95% de mon
temps à l'entraînement et 5% en action. Aujourd'hui, je
sais que je ne descendrai pas au-dessous de la barre des
vingt-cinq jours de formations par an pour progresser et
acquérir de nouvelles compétences liées aux domaines
du développement du capital humain.

S'il n'y a pas de performance sans motivation, je sais
qu'il n'y a pas de compétence sans motivation égale-
ment.
La réussite, c'est bien souvent la réconciliation de nos
motivations :

- Qu'elles soient personnelles à travers le désir d'être bien dans sa tête et dans sa peau.
- Qu'elles soient familiales au travers de l'envie d'aimer et de transmettre.
- Qu'elles soient professionnelles pour relever les défis que l'on se fixe et être reconnu pour sa compétence.
- Qu'elles soient sociales pour atteindre un niveau de vie et un statut souhaités ; voire même sociétales à travers la contribution que j'apporte à ce monde aujourd'hui et demain.

Quand on rêve le monde...

Parce qu'au fond, des motivations réconciliées, c'est un *bonheur* renforcé par notre capacité à vivre l'instant présent là où l'on se trouve et, quand bien même on nous donnerait tout l'or du monde, on ne voudrait pas être ailleurs...

Le bonheur, un bien grand mot… qui contient des variables et des constantes.
Parmi ces dernières, donner du sens à sa vie et être dans la certitude que le chemin que l'on emprunte est le bon sont de formidables vecteurs de réalisation de soi. Si comme beaucoup de scientifiques le disent, nous sommes des individus en perpétuelle évolution, alors il nous est impossible de déconnecter le bonheur de l'accomplissement de soi.
Si je veux vous parler de motivation, c'est parce que je crois qu'aligner ses motivations sur un idéal de vie est le meilleur moyen pour l'être humain de s'accomplir en pleine connaissance de cause. Je veux dire par là qu'on a de la chance parce qu'on a du boulot ! Nous pouvons œuvrer pour un monde meilleur ; nous avons un corps à développer, un esprit à enrichir, une éthique à harmoniser et des relations à élargir. Tout cela peut vous sembler dérisoire, une minuscule goutte d'eau dans l'océan… mais la parabole que se plaisait à nous

raconter Sœur Emmanuelle, au sujet de son action à Calcutta est très juste : « Je ne suis peut-être qu'une goutte d'eau dans l'océan, mais sans cette goutte d'eau, l'océan n'aurait pas la même saveur... ». Et cela est vrai. Sans chacun de nous, le monde n'est plus le même. Doit-on considérer que sans vous, sans moi, le monde serait meilleur ou pire ? Ni l'un, ni l'autre… D'un point de vue quantique, nous ne pouvons désolidariser le bien du mal, le jour de la nuit, l'ombre de la lumière.

Le monde est *un*.

Tout est *un*.

Le monde sans vous, sans moi n'est ni meilleur ni pire, il *est* tel qu'il *est*, tout simplement. Et dans ce qui *est*, nous trouvons tout et son contraire. Tout dépend de la lecture que nous en avons sachant que notre lecture n'est jamais neutre. Non seulement parce qu'il s'agit d'une lecture plurivoque, mais aussi parce qu'elle est conditionnée par nos filtres mentaux : croyances, peurs, inhibitions, certitudes, etc. ; et parce qu'elle participe à notre vision du monde. Le siège de notre envie de gagner, de notre peur d'échouer, de notre désir de grandir, de notre résistance au changement, de notre besoin de reconnaissance se situe exactement là ; cette vision du monde *est* le siège de notre réalité et notre

réalité conditionne ce que nous sommes à l'instant T et probablement ce que nous voulons devenir...
Je connais beaucoup de personnes, même parmi les athlètes que j'ai côtoyés, qui entrevoyaient le mur de bosses comme un environnement hostile, plein de pièges. Pour ma part, j'ai toujours considéré un mur de bosses comme un environnement bourré d'opportunités qui pourrait me permettre de rebondir dans la vie.
La manière de vivre les choses n'est pas neutre, elle est toujours conditionnée par notre réalité interne. Si au fond de moi, je considère que je n'ai pas de chance de faire le métier que je fais actuellement, je ne pourrai pas modifier la perception négative que j'ai de mon métier. Pour que les choses changent, je dois changer ma réalité interne. Si je veux faire un métier sympa, je peux soit changer pour un métier que je considère sympa, soit changer la perception que j'ai du métier que je fais actuellement. Il est plus facile de fuir son métier actuel, mais le risque de se retrouver dans la même situation reste présent. Si nous pouvons voir le verre à moitié vide, c'est qu'en dessous, il y a un verre à moitié plein.
J'ai rencontré des gens qui s'ennuyaient dans leur métier. Ils en ont changé. Neuf mois plus tard, après que l'effet de nouveauté s'est estompé, l'ennui est vite revenu

scléroser leur quotidien. Ce n'est pas l'environnement dans lequel nous vivons qui détermine notre degré d'intérêt, de passion, de vocation et d'ambition. C'est le sens que nous donnons à ce que nous faisons qui détermine ce degré d'intérêt. Et nous avons toujours le choix de donner du sens aux choses. Je veux dire par là que nous avons toujours le choix entre la dynamique du *leader* et la dynamique du *loser*.

Et vous, si vous deviez mesurer votre réalité interne, quels types de considérations portez-vous sur votre vie ?

I – Vision : Donner du sens

Quand on rêve le monde, on change le monde…

Pour moi, tout est parti d'un rêve de gosse. Ce rêve était complètement utopique – comme tous les rêves d'ailleurs – lorsque l'on est enfant, on n'a pas ou peu de limites… Ce rêve était simplement le reflet du sens que je voulais donner à ma vie. Tout gamin, j'ai grandi

dans un environnement heureux avec des parents qui travaillaient beaucoup, dans un univers qui semblait les passionner. Jamais je ne les ai entendus se plaindre de leur sort : l'image du monde que j'étais en train de me forger était celle d'un monde où les gens sont heureux de faire ce qu'ils font et vivent de leur passion.
La dynamique du monde actuel n'est plus celle des Trente Glorieuses. Toujours est-il qu'à l'adolescence, j'étais mu par cette volonté de vivre dans un monde où les gens savent être sérieux sans se prendre au sérieux et que le ski, ma passion la plus forte était le meilleur moyen de prendre la « parole » pour le démontrer, c'était un moyen pour exister et aussi loin que je me souvienne, j'ai toujours voulu *exister* aux yeux des personnes qui comptent pour moi.

Cela a pris un sens, dans ma tête, que de pouvoir jouer le rôle du jeune mec qui gagne en s'amusant... Sans jamais perdre de vue que, pour m'amuser, je devais d'abord gagner ! À présent, le sens que je donne, au fond de moi, à ma présence sur Terre s'installe dans la continuité ; quand on est champion, on fait les choses sans se poser trop de questions existentielles, mais ensuite, il arrive un moment où l'on a envie de transmettre. Mon envie se traduit par un désir de déclencher des prises de conscience et de tenter d'amener les hommes à se réaliser dans ce qu'ils sont autant que dans ce qu'ils font. Après avoir réalisé des performances, il m'a fallu comprendre les tenants et les aboutissants de ces victoires mais également les moments difficiles que j'ai traversés. Comprendre peut suffire à expliquer les choses. Toutefois, mon métier, c'était de transmettre et pour cela, il m'a fallu acquérir des compétences pédagogiques : apprendre à apprendre aux autres, savoir préparer, construire et animer des conférences, des réunions, des entretiens…

Il y a une mécanique puissante dans la notion de « sens » que nous donnons aux choses. Lorsque je donne du sens à ce que je fais, je me mets dans la dynamique du *leader*. Il y a de la passion là où il y a du sens. Pour ma part, je ne connais personne qui ne soit passionné sans que sa passion n'offre du sens à sa vie. En revanche, je rencontre souvent des gens qui n'ont pas de passion. Lorsque je leur demande quel sens ils donnent à leur vie, ils me répondent : « aucun ».
Cela n'a pas de sens !

Tout ce que nous faisons qui n'est pas sensé est un non-sens... J'étais passionné de ski car j'y voyais un moyen

d'exister. Seule la passion permet d'accéder durablement à l'excellence. Là encore, connaissez-vous des gens qui excellent dans un métier qui ne les passionne pas ?
La magie de la passion, c'est qu'elle suscite la vocation. On a tous envie de faire un métier associé à notre domaine de passion... Puis la passion additionnée à la vocation ont suscité l'ambition : être le meilleur skieur du monde.

Cette mécanique se répète aujourd'hui dans mon métier.
Aujourd'hui, je considère qu'il y a mille façons d'être conférencier et je crois que ce n'est pas innocent si je fais ce métier comme je le fais, à la manière d'une « improvisation calculée ». Je souhaite qu'à l'issue de mes conférences, les gens aient passé un bon moment, et qu'ils trouvent du sens à ce moment. À mon niveau, ma contribution à la société et à l'individu se situe là. Faire plus de résultat, avec moins de stress et plus de confiance. À partir de cela, mon projet a été écrit en préservant toujours le sens qui lui a été donné à l'origine : ma vie, mes priorités, mon métier tel que je l'envisage doivent contenir cette part de décontraction et de bonne humeur. Si, dans chaque interaction que

j'ai avec les gens qui assistent à mes conférences, je n'ai pas l'impression qu'ils ressortent avec de l'énergie supplémentaire, alors j'estime que je n'ai pas rempli ma mission.

Et vous, quelle contribution avez-vous envie d'apporter et d'offrir à ce monde ?

Je sais que lorsque je pose cette question, j'agace. Je suis d'accord avec cela... Si je n'étais pas là, la planète continuerait de tourner sans problème et cela ne changerait pas la face du monde.
Sauf que je suis là.
Sauf que vous êtes là.
Et c'est parce que nous sommes là que le monde n'est pas le même.
L'existence de chacun de nous a un impact sur ce monde, à une échelle que nous souhaitons plus ou moins grande, nous avons un potentiel de contribution. Qu'on le veuille ou non. Cette contribution peut être positive comme elle peut être négative mais elle n'est jamais *neutre*. La question est de savoir ce que je veux apporter.

Quand on rêve le monde...

Mon rêve pour demain est de le faire sous une forme différente, je rêve de faire un stand-up ! C'est encore utopique à l'heure où j'écris ces lignes mais lorsque je bâtis de nouvelles conférences, lorsque j'apporte des modifications à mes interventions, lorsque je cherche une nouvelle façon de partager des convictions avec le public, vous pouvez être sûr que mon cerveau cogite dans cette direction. Les événements qui ont un impact sur moi sont directement liés à cette envie de faire un stand-up. Je ne sais pas si un jour, j'aurai l'occasion de jouer sur une scène mais ce que je sais, c'est que chaque jour qui passe je progresse dans mon métier et chaque petit progrès me rapproche de ce rêve utopique.

En neuroscience, on appelle cela faire de l'induction. À partir du moment où notre cerveau est conditionné par une pensée, il va trier, sélectionner les informations qui peuvent répondre positivement ou négativement à cette pensée. Être ouvert aux messages est une des clés de la réussite. Ne vous est-il jamais arrivé de vous lever le matin avec une idée solutionnant un problème que vous aviez rencontré la veille ? N'avez-vous jamais été confronté à des coïncidences ? Je ne cherche pas forcément à savoir ce qui provoque ce genre de phénomène car ce qui me semble important est plutôt de savoir

si je peux faire confiance à cette forme de hasard… que certains spécialistes de la physique quantique ne considèrent justement pas comme du hasard. Ils sont en train de vérifier que nos pensées ont une influence certaine sur la matière que nous observons.
À ce propos, les dix ans de travaux d'un chercheur japonais, M. Emoto Masaru, sont édifiants. Il nous démontre à quel point nos pensées peuvent modifier notre structure moléculaire. Et quand on sait que le corps humain est constitué de 80% d'eau, on se rend compte de l'importance d'avoir à son égard et à l'égard d'autrui des pensées bienveillantes.

Toujours est-il que le fait de savoir se faire confiance réside grandement dans notre capacité à être à l'écoute d'une partie de nous-mêmes que nous ignorons. Cette partie est notre inconscient et notre inconscient compose 90% de notre cerveau. Je n'ai pas de croyance particulière pour une religion ou une autre, je n'adhère pas à un courant philosophique plus qu'à un autre. Ce que je constate c'est que nous avons suffisamment d'intuition en nous et de connexion au monde qui nous entoure pour trouver toutes les solutions pour être heureux. Quand je vois ce que l'Homme est capable de produire consciemment en utilisant seulement 10%

du potentiel que son cerveau lui offre, je me dis que l'avenir nous offre de sacrées perspectives en matière d'évolution de notre capacité à découvrir et à utiliser notre intelligence.

Ceux qui ne possèdent pas d'intuition ou qui ne voient pas de coïncidences peuvent aisément contredire ce qui est écrit ici. J'en ai rencontré d'ailleurs. Ma seule réaction a été de savoir quel était leur objectif dans la vie… Le seul point commun de ces personnes était qu'elles n'en avaient pas. Dès lors, on comprend que le cerveau ne peut leur offrir d'opportunités.
Une des clés de la motivation réside dans la vision claire de la manière dont on veut appréhender son métier. Nous savons souvent ce que nous désirons obtenir. Mais savons-nous aussi précisément *comment* allons-nous obtenir ce que nous désirons ? Prenez cinq minutes pour réfléchir à cela…

Lorsque chacune des priorités se place au service de ce projet, nous devenons investis et responsables. Il y a un principe commun à tous les sportifs de grande classe que je considère comme une donnée constante pour réussir à atteindre les objectifs que l'on se fixe. Ce principe, je le définis de la manière suivante :

Je suis le premier responsable des résultats que j'obtiens.

Ce principe de responsabilité ne veut pas dire que je dois assumer les fautes et les erreurs de chacun, voire me sacrifier pour un groupe à l'instar de celui que l'on flagellerait sur la place publique ! Le mot « responsable », au sens étymologique, signifie « ma capacité à donner des réponses » – res-ponsarer. La question que je pose est la suivante : face à une situation d'échec, quelle est ma capacité à apporter une réponse qui me rapproche de mon objectif ?

Certains vous diront qu'ils n'ont pas eu le choix, que la pression était trop forte ou l'émotion trop vive. Qu'ils ont voulu rétablir leur honneur, que le respect prime sur l'irrespect. Dans une situation à fort enjeu, le problème est de savoir si vous voulez *gagner* ou si vous préférez *avoir raison*. Ce n'est pas du tout la même chose...

Quand on rêve le monde...

Prenons comme exemple la polémique autour du fameux coup de tête de Zinédine Zidane lors de la finale de la Coupe du Monde contre l'Italie. Certes, Zidane s'est fait respecté et je comprends qu'il ait pu réagir de la sorte. Mais en vérité, quel était l'objectif ? Gagner ce match ultime ou avoir raison au risque de se faire expulser ? Zidane a sans aucun doute lavé l'affront qui lui a été fait. L'Italien Matterazzi a certes reçu un coup et l'on peut facilement imaginer que la provocation faisait partie de son plan de jeu mais ce qui est sûr, c'est que l'Italien a gagné, et son équipe avec...
Einstein disait qu'on ne règle jamais un problème avec la même énergie qui a servi pour le créer. On règle un problème au niveau supérieur. Lorsque Zidane répond à la violence verbale par la violence physique, il se prive d'une sortie par le haut. En va-t-il de même pour un quidam dans sa vie personnelle ? En va-t-il de même pour un homme politique en pleine joute avec un autre homme politique où chacun défend son idée ?

Être le premier responsable des résultats que nous obtenons dans la vie est le meilleur point de départ pour apporter une réponse constructive, efficace et respectueuse envers un objectif que l'on se fixe, envers l'estime que l'on se porte.

Ce principe de responsabilité permet d'acquérir et de développer le pouvoir intérieur. Le plus grand pouvoir donné à un individu est sa capacité à se remettre en question, poser des limites claires, élargir sa vision du monde, réajuster ses points de vue, se respecter... C'est un grand pouvoir qui est sûrement pour chacun d'entre nous, la constante la plus salutaire à détenir.

Le jour où mon père m'a demandé de choisir entre le ski et les études, j'ai réalisé que ce projet était la traduction de mon rêve de gosse, dans le réel. À dix-neuf ans, mu par ce rêve de gamin, j'ai tout mis en œuvre pour que mes parents, mon entraîneur Nano et Jean-Claude Killy croient en moi. Ils m'ont fait confiance et m'ont offert des opportunités auxquelles je n'aurais jamais pensé. J'avais ce rêve, il est devenu réalité car chaque priorité était alignée sur la réalisation de mes objectifs successifs. J'ai remis en cause beaucoup de mes certitudes, j'ai traversé des phases délicates et parfois, j'aurais préféré avoir raison... mais au bout du compte, si j'ai obtenu ce palmarès, c'est qu'au fond de moi, je savais que j'étais le seul à pouvoir rêver mon monde.

Lorsque nos sentiments nous laissent à penser que la vie est pesante, que nous naviguons entre la nostalgie d'un passé oublié et la crainte d'un futur peu passionnant, il ne faut pas croire nécessairement que l'environnement n'est plus propice ou que la conjoncture n'est plus favorable mais il faut peut-être savoir regarder si nous rêvons toujours autant qu'avant. Évaluer notre degré d'ambition par rapport à notre métier, notre couple, nos enfants, nous-mêmes…

Je ne dis pas que l'on doit réaliser à tout prix nos rêves d'enfance, mais l'on doit ne jamais les oublier et peut-être s'en inspirer. J'ai mis vingt ans pour réaliser un rêve de gosse et à l'âge de vingt-cinq ans, je me suis retrouvé à la retraite avec une pensée effroyable : les meilleurs moments de ma vie sont maintenant derrière moi…Waouh !

Heureusement, ce mauvais frisson s'est vite dissipé car je désirais bâtir une vie de famille. Avec une femme, des enfants et un foyer. Sur un plan professionnel, je venais d'arrêter le ski. J'avais la chance d'avoir des sponsors qui me suivaient dans des projets aussi fous que l'organisation d'un événement de ski et de snowboard indoor à Bercy, une tournée de démonstration dans les Alpes françaises durant les vacances de février ou sur les compétitions professionnelles qui se dérou-

laient aux États-Unis. Des activités qui me permettaient de me recycler sans vraiment me reconvertir.
Me recycler, c'est partir de ce que j'étais pour faire à peu près la même chose dans un univers connexe.
Me reconvertir, c'est capitaliser sur ce que j'étais pour apprendre quelque chose de nouveau et devenir quelqu'un de nouveau, peu importe l'univers rencontré.

Qu'avez-vous fait de vos rêves de gosse ?

Il m'est arrivé un jour de visiter une usine dans laquelle les ouvriers, en grande majorité, travaillaient à la chaîne. J'ai pu observer différents types de comportements de personnes en milieu professionnel. Devant moi, face à la chaîne de fabrication, deux hommes, sensiblement du même âge, rangeaient des boîtes de parfum dans des cartons. L'un souriait tandis que l'autre, renfrogné, dents serrées et regard sombre, semblait s'ennuyer ferme. J'ai demandé au manager qui se trouvait à mes côtés si l'attitude de la seconde personne était constante ou si j'étais simplement tombé au mauvais moment. Apparemment, il était égal à lui-même.

Quand on rêve le monde...

En discutant un peu avec chacun des deux ouvriers, je leur ai demandé pourquoi ils faisaient ce métier. Le premier m'a répondu qu'il était heureux de faire ce qu'il faisait et que malgré l'aspect répétitif et peu ludique de sa tâche, il avait pour ambition de devenir manager de son unité. Pour cela, avait-il poursuivi, il savait qu'il devait connaître toutes les étapes de base, y compris l'assemblage à la chaîne. L'autre m'avait seulement dit : « faut bien manger... ».
L'un des deux a un projet, devinez lequel ? Cela me laisse penser que dans la vie, il y a ceux qui ont des projets et ceux qui ont des problèmes...

Selon Abraham Maslow et sa célèbre *Pyramide* des besoins fondamentaux de l'Homme (cf. bibliographie), subvenir à ses besoins est un projet en soi dans la mesure où il s'agit de remplir, dans un premier temps, des besoins *vitaux* : boire, manger, assurer un toit pour sa famille et une sécurité matérielle.

Dans notre Europe occidentale, pays à fort taux de consommation, on ne peut plus uniquement se satisfaire de travailler pour manger et assurer sa sécurité. Nous développons également des besoins de reconnaissance très puissants, des besoins d'accomplissement professionnel et de réalisation de soi. Compte tenu de la société dans laquelle nous vivons, ici en France, compte tenu du niveau de vie moyen que nous avons acquis, si l'on ne se pose pas la question du sens que l'on donne à notre profession, on risque de la vivre comme une immense frustration. Fuir un quotidien au sein duquel on ne puise aucune source de satisfaction reste une option simple et rapide, mais je me pose toujours la question de son efficacité. En revanche, trouver des moyens d'affronter nos difficultés avec comme objectif d'embellir et rendre agréable notre situation est une réflexion importante à mener. Souvent, les choses changent au travers de ces initiatives : trouver un sens à votre travail, se professionnaliser un peu plus, savoir prendre du recul sur sa situation, améliorer ses relations avec ses collègues par un service, un coup de main, un mot à l'attention de quelqu'un, etc.

Dans la mécanique, il convient de trouver les solutions pour changer les choses qui ne nous satisfont pas. Rêver est une des sources de la motivation. On ne peut pas rêver à tous les âges, on *doit* rêver à tous les âges. À vingt-cinq ans, je me suis retrouvé dans la même situation que les gens de soixante ans : à la retraite. Tous les meilleurs moments de ma vie étaient-ils pour autant derrière moi ? Un nouveau projet, de nouveaux rêves et de nouvelles ambitions en adéquation avec ma personne me permettent de dire aujourd'hui, que mon métier m'apporte autant, sinon plus de satisfaction que j'en éprouvais hier dans le ski.

Le rêve prime le réel.

Tout peut éventuellement partir d'une seule question, à laquelle il est possible de répondre en prenant un quart d'heure et en s'installant devant une feuille blanche :

– Que serai-je fier d'avoir accompli sur un plan personnel, professionnel et familial dans cinq ans ?

- Dans cinq ans, sur un plan personnel, je serai fier d'avoir réalisé…
- En quoi ce plan est-il spécifique ?
- Comment vais-je mesurer le chemin à accomplir ?
- En quoi est-il atteignable ?
- En quoi est-il réaliste ?
- Déclinez-le en cinq grandes étapes datées...

Sans freins ni contraintes, autorisez-vous quinze minutes pour décrire l'environnement dans lequel vous auriez envie de vivre :

– Qui serez-vous dans cinq ans ?

- Mes amis disent de moi que je suis quelqu'un de…
- Mes collègues de travail disent de moi que je suis quelqu'un de…

– Quelles valeurs voulez-vous affirmer ?

- Les comportements qui sont vraiment importants pour moi sont…
- Les attitudes vis-à-vis des autres qui sont vraiment importantes pour moi sont…
- Les comportements que je déteste voir se produire chez moi sont…
- Les réactions hostiles que les autres pourraient avoir envers moi sont…
- Ma meilleure réponse à ces réactions hostiles est…

Quand on rêve le monde...

Créez une vision claire de ce que vous souhaitez. Plus votre vision sera claire et précise, plus votre cerveau procédera par mécanisme d'induction. C'est au moment de saisir les opportunités qu'il vous faudra du courage, pas au moment de les rêver. Ce qui conditionne la qualité de l'être humain n'est pas le bilan positif qu'il fera de sa vie. Ce qui nous conditionne c'est le rêve que nous avons au début.

Autre élément à prendre en considération :

– **Comment réagirez-vous si cela fonctionnait ?**

- La meilleure attitude en cas de réussite pour moi sera d'être…

– **Qu'est-ce que cela vous apportera ?**

- Je pourrai mesurer cette réussite grâce à…

– **Qu'est-ce que cela vous enlèvera ?**

- J'ai conscience que si je réussis, je risque de perdre…

La réussite induit des changements et il faut vous y préparer.
Il ne faut pas balayer la peur de perdre ni la peur de réussir, mais les acter comme ressentiments possibles et légitimes.
Il faut être conscient que la peur du changement est souvent plus forte que l'envie de réussir.

Lors de ma formation à la Neuroscience Motivationnelle©, j'ai étudié les dernières applications que les neuroscientifiques ont apportées au coaching. Sachant que le cerveau est composé de quatre parties motrices pour l'individu.

- **Le cerveau médian :** siège des émotions
- **Le cerveau droit :** siège de nos schémas et des symboles
- **Le cerveau gauche :** siège des mots et de la logique
- **Le cervelet :** siège de l'action (stimulis physiques)

Quand on rêve le monde...

Pour qu'un individu réussisse facilement ce qu'il entreprend, chaque partie de son cerveau a besoin de trouver un intérêt stimulant. Sinon, des blocages peuvent se produire qui, à force d'être stimulés, risquent de devenir des mécanismes d'auto-sabotage.

– Vous avez envie de gagner plus d'argent ?

- Pourquoi ne l'avez-vous pas fait plus tôt ?

– Vous avez envie de prendre plus de responsabilités dans votre métier ?

- Pourquoi ne l'avez-vous pas fait plus tôt ?

Nos schémas mentaux sont ainsi faits qu'ils nous forgent des croyances limitatives ou stimulantes et nous sommes ainsi faits que nous avons tendance à donner plus souvent raison à nos croyances qu'à nous-mêmes.

Lorsque je courais, je croyais dur comme fer que j'étais meilleur en course qu'à l'entraînement. C'était une croyance stimulante. Elle me permettait de rester confiant face aux doutes qui me tenaillaient la veille

des compétitions. Souvent, c'était la seule réponse que je me trouvais et qui me permettait de mieux dormir. En portant un regard rationnel sur cette croyance, je peux dire aujourd'hui que je n'étais pas meilleur en course qu'à l'entraînement. Qu'importe, lorsque j'étais meilleur en course, je confirmais ma croyance et dans le cas contraire, j'ignorais la situation de manière à ne pas mettre en doute ma croyance stimulante.
Il est clair que j'aurais pu croire le contraire : je suis meilleur aux entraînements qu'en course. Mais à ce moment-là, pensez-vous que j'aurais eu le même palmarès ?

Avant les Jeux Olympiques de Lillehammer, lorsqu'on me demandait si j'allais rééditer mon exploit d'Albertville obtenu deux ans auparavant, j'avais beaucoup d'excuses pour justifier mon manque de confiance en moi. Je revenais de blessure et la piste n'étais pas très sélective. Je la trouvais trop plate ce qui favorisait mes adversaires (notamment le Canadien Jean-Luc Brassard dont le style s'exprimait à merveille sur ce type de reliefs). Le jour de la finale, je me suis surpris à skier bien au-delà de ce que je pensais être capable de faire. Un ski agressif et très rapide que je n'avais encore jamais produit à l'entraînement.

Tellement surpris par cette euphorie soudaine, j'ai oublié quelques principes à la base de ma concentration et j'ai fait une faute idiote qui m'a coûté une, voire deux places sur le podium. Toutes les croyances négatives que j'avais accumulées m'ont empêché d'avoir une préparation poussée à l'entraînement et tout ceci a fortement conditionné mon résultat. Des croyances négatives génèrent des résultats négatifs.

Et vous, compte tenu des objectifs que vous avez, qu'est-ce qui pourrait vous faire échouer ?

- Les croyances qui pourraient me faire échouer sont…
- Les stratégies d'auto sabotage qui pourraient me faire échouer sont…
- Comment allez-vous y faire face ?

II – Plaisir :
Savoir gérer son stress

Le talent génère l'énergie...
qui génère à son tour la confiance.

Comme disait de Gaulle, « pour que l'horizon soit beau, il faut que la route soit belle ».
Autrement dit, pour avoir du plaisir à la fin, nous devons développer du plaisir sur le chemin. S'il n'y a pas de plaisir sur le chemin, comment voulez-vous savourer la réalisation finale, si ce n'est comme un soulagement !... Nous avons le choix de vivre la vie

comme bon nous semble. Nous avons de choix de voir le verre à moitié vide ou à moitié plein. Nous avons le choix et ce, malgré les injonctions liées à l'éducation que nous avons reçue telles que : « tu dois souffrir pour réussir ! ».
Est-ce vraiment une réussite que d'atteindre un objectif en souffrant ? La réussite ne consisterait-elle pas à atteindre un objectif en prenant plutôt du plaisir ? Trop facile ? Pourquoi pas... mais cherchons un peu de quelle manière nous pouvons développer du plaisir dans notre travail.

Dans un premier temps, l'idée consiste à identifier quelles sont les sources de plaisir inépuisables dont chacun d'entre nous dispose et en quoi cette source de plaisir peut devenir un point de force en prise directe avec notre métier.
Pourquoi ?
Parce qu'un niveau de plaisir élevé donne un niveau d'énergie élevé et qu'un niveau d'énergie élevé donne un niveau de confiance élevé. Un niveau de confiance élevé donne un niveau de conscience élevé.

Dans un environnement où l'enjeu est de mise, ce sont les personnes qui ont une conscience accrue de ce qu'elles sont et de ce qu'elles font qui réussissent le mieux : esprit clair, raisonnement cohérent et ordonné, extra lucidité par rapport au contexte, par rapport au moment également. Il convient d'avoir la capacité à être impliqué dans une problématique quelconque (sport, milieu professionnel ou vie personnelle) et à la fois à acquérir du recul dans la manière dont on évolue et dont on vit la problématique en question.

Pour se faire, il me semble important de se représenter l'énergie, d'en avoir une vision personnelle et intime. Pour ma part, je la ressens comme une boule de feu au creux du ventre qui me tient en alerte et ouvre ma conscience. J'ai la sensation d'un fluide qui circule dans tout mon corps, notamment mes mains. L'énergie diffusée augmente notre niveau vibratoire. Chaque élément de ce monde, de la pierre à l'être humain, de l'eau à la lave, vivant ou non, possède un niveau vibratoire puisqu'il est composé d'atomes. Lorsqu'on se sent bien, cela se traduit par un niveau de vibration élevé et positif. A contrario, lorsque nous nous sentons fatigué, notre niveau de vibration est bas et plutôt négatif. Dès lors, il est difficile de « briller » et ce que nous générons a de fortes chances de refléter ce que nous sommes à l'intérieur.

Une conscience accrue de ce que l'on est, c'est un esprit clair, un raisonnement cohérent et ordonné, une extra-lucidité par rapport au contexte du moment.

Physiquement, le point central d'énergie se situe au niveau du sternum et se matérialise par la sensation d'être tiré vers l'avant. Dans les sports de combat, les athlètes ont une conscience aiguë de ce point énergétique, à tel point qu'ils sont capables d'encaisser certains coups sans fléchir.

C'est dans le talent qu'il faut déceler le talent.
Cela inclut aussi la notion d'acceptation : acceptation de reconnaître et de valider un talent comme partie intégrante de notre personne et acceptation des doutes inhérents aux autres paramètres de notre personne.
Les doutes sont humains, légitimes et importants. Avoir des doutes est sain. Je pense même que l'énergie est plus forte que les doutes. Porté par la confiance en soi, on va au-delà de ses appréhensions et l'on atteint presque

naturellement son objectif, si tant est qu'il se trouve dans des sphères prédéfinies. L'idée est de progresser palier par palier, petit progrès par petit progrès.
Élever chaque jour son niveau d'exigence, même sur des éléments basiques et très simples, est concomitant avec la réalisation de ses rêves.

Réussir se conjugue avec plaisir dès lors que la confiance est forte. Or, si nous avons confiance, c'est que nous avons également des doutes. L'un ne va pas sans l'autre... Le jour existe parce que la nuit existe sinon, nous n'aurions pas de mot pour définir le jour. Il en va de même pour la confiance : la confiance n'existe pas sans le doute et inversement. Les doutes sont humains, légitimes, et importants. Avoir des doutes est sain car derrière chaque doute, il y a une intention positive. Il convient de les accepter, accepter ce qui nous fait souffrir, douter, et ce qui fait diminuer notre niveau d'énergie. Trouvez trois bonnes raisons positives d'avoir des doutes :

- Avoir un doute me permet de....
- Avoir un doute me permet de...
- Avoir un doute me permet de...

Quand on rêve le monde...

Bien nous connaître nous permet d'augmenter notre conscience de la situation et la qualité du dialogue interne qui régule chacune de nos actions.

On ne gagne pas avec l'esprit embrouillé, on gagne avec l'esprit libre. On ne gagne pas la tête ailleurs, on gagne ici et maintenant. On ne gagne pas en ignorant nos doutes mais en les affrontant pour mieux les comprendre. Le but du jeu est donc de connaître ses doutes pour identifier les stratégies qui viendront les contrer. Lorsque la pression augmente, au travail, en famille, au sport, les doutes se font de plus en plus pressants et altèrent notre capacité à penser de manière rationnelle. La veille d'une course, je me disais souvent : « et si demain je ne gagne pas... », en imaginant les conséquences néfastes... La manière de me reprendre dans ces moments de doute était de me dire : « Tu n'es pas demain. Tu es ici et maintenant et tu prépares demain. Demain est un autre jour et il est impossible de savoir ce qui se passera demain, par contre en te préparant aujourd'hui, tu augmentes tes chances de réussir demain ». Les doutes permettent souvent de prendre conscience des situations que nous traversons. Toutefois, lorsque nous ne pouvons trouver de réponse à nos doutes, des peurs viennent nous perturber et peuvent nous bloquer, nous faire fuir ou nous faire abandonner. Connaître ses doutes ne veut pas dire se focaliser dessus. Au contraire, connaître et avoir une stratégie pour bloquer ses doutes permet de mieux focaliser son attention sur le moment présent, seul véritable espace de vie intense à l'intérieur duquel tout se joue.

Donc, lorsque la pression injecte le doute, quelle est ma réponse ?
Quelle est ma stratégie ?

Pour faire face aux doutes, aux émotions, il convient de bien se connaître pour trouver les ressources nécessaires qui nous font avancer. De mon point de vue, se connaître porte sur l'identification et l'utilisation des talents que nous possédons. Lorsque je parle de talent, je ne veux pas parler du génie que quelqu'un posséderait pour un sport, une activité manuelle, une capacité intellectuelle ou une prédisposition pour un art. Je veux parler des talents que nous développons dans notre personnalité depuis l'enfance. De ce talent, nous verrons ensuite quelles peuvent être les limites et en quoi ce talent peut se décliner pour une activité ou un métier.

Quand on rêve le monde...

Au sens étymologique, un talent, c'est d'abord une aptitude, une capacité, une habileté naturelle ou acquise. Je ne connais pas une personne qui ne possède ni capacité dans quelque domaine que ce soit, ni aptitude à quelque chose, ni habileté dans un contexte donné. Chaque individu possède donc un ou plusieurs talent(s), que ce dernier soit inné ou le fruit d'un apprentissage. Seul, le talent ne suffit pas, le génie non plus d'ailleurs. Certes, il facilite le travail du champion, mais cela n'exclut en rien l'importance de savoir élever le niveau d'exigence quotidien. En ski ou ailleurs, j'ai eu l'occasion de rencontrer des athlètes très talentueux... À l'entraînement, ils entraient en piste et faisaient des merveilles. On les sentait à l'aise, fluides, jusqu'au moment où une difficulté venait enrayer leur progression. Dès lors, ils avaient tendance à laisser tomber parce qu'ils ne comprenaient plus pourquoi ils perdaient cette facilité supérieure à la moyenne qu'ils possédaient à réaliser de belles choses. En clair, ils baissaient les bras dès que l'obstacle était trop élevé.

Or pour gagner, il ne suffit pas de s'appuyer sur ses talents, il faut également savoir payer de sa personne, en toutes circonstances. Payer de sa personne ne veut pas dire souffrir, cela veut dire savoir repousser ses limites, savoir mettre un coup de rein supplémentaire.

Plaisir : savoir gérer son stress

Je suis un garçon spontané et j'étais un skieur instinctif, naturel : c'était mon talent, et je l'ai localisé très tôt pour l'optimiser au maximum. Dans chaque situation, à l'entraînement comme en compétition, je recherchais le jeu, pour ne pas subir l'enjeu. Tant que je m'appuyais sur la pleine conscience de ce talent, je tendais à la réalisation de mon objectif, descente après descente. J'avais une vision très large de ce qu'était la compétition. Je n'ai pas repoussé les limites en transpirant plus, en souffrant davantage. J'ai repoussé les limites en jouant plus, en transformant les contraintes en plaisir.

Lorsque l'on ne connaît pas ses forces, on ne sait pas sur quoi s'appuyer. Cela engendre des doutes, parfois bénins, parfois destructeurs, et nous enrôle dans une spirale d'échec inéluctable. Quand je faisais partie de l'Équipe de France, je voyais autour de moi des mecs de quinze ou seize ans avec un niveau supérieur au mien. Seul hic, ils avaient du talent et se reposaient dessus, sans forcer à l'entraînement.

L'objectif est de savoir localiser ce qu'on identifie comme un talent et s'appuyer dessus à la manière de Tiger Woods qui possède un point fort et un point

faible dans son jeu, respectivement les longs fers et les sorties de bunker. Un journaliste lui avait demandé un jour quel était le travail qu'il mettait en œuvre pour combler ce manque. Woods a répondu qu'il travaillait beaucoup ses longs fers pour combler ses difficultés dans les bunkers... Le journaliste ne comprenait pas comment on pouvait être meilleur dans les bunkers en travaillant une séquence de jeu toute autre. Woods s'est justifié de la manière suivante : « en travaillant mes longs fers, j'augmente ma régularité et ma précision, de fait je les évite encore mieux ! ».
De plus, en travaillant les compartiments de jeu où il prend du plaisir (les longs fers), Woods s'offre l'énergie nécessaire pour aller s'entraîner dans les bunkers et repousser quelques limites.

Cette façon de considérer les choses est à l'inverse du travail que produisait Henri Leconte. Reconnu comme l'un des tennismans les plus talentueux de sa génération, Henri expliquait dans une interview que, durant toute sa carrière, on avait cherché à corriger ses carences. Il est forcément plus facile de détecter les points faibles d'une personne et de la faire travailler là-dessus que de chercher ses forces et les développer. Or, pour qu'un enfant, un parent, un collaborateur ou encore un manager réussisse, il a besoin que l'on regarde ce qui marche et de l'optimiser avant de regarder ce qui ne va pas et le corriger. Corriger quelqu'un fera inévitablement diminuer son niveau d'énergie. Alors, que mettre en œuvre pour que quelqu'un progresse ? D'abord et surtout éviter de lui dire qu'il est mauvais.

Nano Pourtier mon entraîneur avait très tôt détecté mon envie de prendre du plaisir et savait qu'en s'appuyant là-dessus, c'est-à-dire en allant dans le sens de ma nature, il pouvait me faire tout réussir. Les programmes d'entraînements contenaient suffisamment de séquences ludiques pour que je puisse y trouver mon compte...

La confiance en soi prime le doute.

Quand on rêve le monde...

Autre exercice très simple et à la portée de chacun : répondre en toute objectivité à des questions d'introspection.

– Dans quels domaines est-ce que je prends du plaisir ?

– Que fais-je facilement dans mon métier ?

Concepts ancestraux ou atavismes conditionnent aussi notre façon de nous comporter face aux autres ou face à des situations de stress. Ce qui définit notre attitude face à ce genre de contexte est notre capacité à regarder les choses sous un angle positif. Parce que le positif engendre du positif, nous devons nous discipliner pour prendre en compte ce qui marche et non se focaliser de manière stérile sur ce qui ne marche pas.

Trois paramètres génèrent une émotion chez l'individu :

- la **physiologie** (postures comportementales) : la manière dont on se tient, dos et épaules voûtées, regard vers le bas, etc.

– le **focus** : ce sur quoi on focalise notre attention. Si le focus est porté sur le problème, il va engendrer des émotions négatives ; si en revanche le focus est porté sur la ou les solutions il va engendrer des émotions positives.

– les **processus internes** regroupent toutes les croyances liées à un événement (une voix interne qui se manifeste dans une situation donnée).

La conjugaison de ces trois piliers va permettre l'avènement d'une émotion qui, elle-même, va générer des comportements. Leur alliance donnera la possibilité à chacun d'entretenir des relations positives et constructives avec les autres.

– Dans quels domaines de votre métier obtenez-vous facilement des résultats supérieurs à la moyenne ?

– Quels sont les champs de votre métier qui, lorsqu'ils sont achevés, vous procurent un grand sentiment de satisfaction ?

– Quels points forts avez-vous mobilisés pendant cette phase de travail ?

Quand on rêve le monde...

– Pour quelles compétences et attitudes particulières vos collègues vous reconnaissent-ils ?

Une étude américaine a montré que la valorisation et l'esprit positif sont de puissants stimulateurs et révélateurs psychologiques.
Dans une école primaire, des tests de QI ont été mis en place sur un certain nombre d'élèves. Deux professeurs étaient chargés de préparer et de faire passer ces tests. À l'un, il a été dit qu'on lui donnerait le groupe d'élèves le plus faible, à l'autre, le plus fort. En réalité, les groupes ont été inversés sans que les professeurs en aient été informés. Résultat : le groupe d'élèves le plus faible, mais traité avec motivation et détermination, dans un esprit de réussite positif a réalisé des progrès considérables tandis que le groupe de bons élèves, traité dans un autre esprit, a vu ses résultats stagner, voire décliner.
En conclusion, lorsque l'on porte un regard positif sur un individu, on augmente ses chances de progresser. Et inversement.
La confiance en soi et la confiance en autrui augmentent le niveau de plaisir que l'on prend dans chaque activité.

Demandez à votre entourage familial, personnel et professionnel de répondre aussi à ces questions. Cet exercice vise à déclencher une prise de conscience de vos talents. Vous serez surpris de constater, pour vous-même et pour les autres, que déceler un talent n'est pas aussi facile que cela n'y paraît. Vous découvrirez aussi que les talents que vous pensez posséder ne sont pas toujours ceux que les autres vous reconnaissent !

Bien se connaître, c'est donc savoir localiser et entériner ses divers talents ; mais c'est surtout savoir détecter quand sa force devient un frein à son évolution.

Au cours de mes études sur les comportements humains, j'ai choisi d'explorer les travaux du Dr Taibi Kalher qui avait mis au point dans les années 1970 un modèle de management reposant sur différents types de personnalité. Ce modèle est aujourd'hui employé par des milliers d'entreprises à travers le monde sous l'appellation Process Communication Management©.

D'après le Dr Taibi Kahler, nous pouvons à la fois identifier les talents naturels d'une personne et en même temps, prévenir ses comportements sous stress. Le modèle de la PCM propose six types de personnalité composant le cœur-même de nos modes de fonctionnement. Définie par des qualificatifs tels que *Travailloman*, *Empathique*, *Persévérant*, *Promoteur*, *Rebelle* et *Rêveur*, la structure de notre personnalité contiendrait l'un de ces types de personnalité comme *base* et plus ou moins des cinq autres. Chaque type de personnalité étant composé de différentes caractéristiques, nos comportements seraient prévisibles à la fois hors stress et sous stress. Par exemple, bien que nous ne nous énervions pas toujours pour la même chose, n'avez-vous jamais remarqué à quel point les étapes que nous traversons lorsque la moutarde nous monte au nez se ressemblent ?

Le type « *Travailloman* » est reconnu pour sa logique de raisonnement, sa faculté à être responsable de ce qu'il entreprend et sa capacité à structurer le temps. Sous stress, les comportements visibles d'une personne ayant comme base un type *Travailloman* sont de devenir pointilleuses, de sur-contrôler le travail de leurs collaborateurs et de manquer de souplesse dans des situations imprévues. Ce qui sous-tend ce comportement est induit par un « besoin psychologique » que l'individu cherchera à satisfaire régulièrement. S'il n'arrive pas à le satisfaire de façon positive, il cherchera à le satisfaire de manière négative. Les besoins psychologiques du type *Travailloman* sont de deux natures : le premier consiste à être reconnu pour sa compétence, le second est un besoin de structurer le temps. Lorsque ces besoins sont satisfaits, la personne contrôlera la situation avec aisance et lucidité.

Le type *Empathique* est reconnu pour sa chaleur humaine, sa bienveillance et son écoute. Très tourné vers les autres, il risque, sous stress, de s'adapter en permanence à son environnement pour leur faire plaisir. S'oubliant lui-même, il devient vite victime de son système dès lors que son besoin psychologique d'être reconnu en tant que personne n'est pas comblé. Chaleureux et bienveillant, il apprécie également de vivre dans un environnement harmonieux.

Le type *Persévérant* est reconnu pour ses convictions, ses engagements : il est un leadership-né. Très observateur, ce type de personnalité aura tendance à regarder ce qui ne marche pas comme un point de progrès à réaliser. S'il n'est pas validé dans ses convictions, il aura tendance à partir en croisade pour défendre ses opinions coûte que coûte. Peu importent les dégâts que cela pourra générer... Un homme politique possède souvent beaucoup de persévérance en lui.

Quand on rêve le monde...

Le type *Promoteur* aime l'action. Obtenir de bons résultats en un minimum de temps le stimule au plus haut point. Il aime les défis, les challenges lorsque le jeu en vaut la chandelle. Si par malheur, un repas, une réunion s'éternise, il fera en sorte que quelque chose se passe pour qu'un peu d'action renaisse. Très charmeur, il peut vite laisser les autres se débrouiller seuls dès qu'une tâche l'ennuie.

Le type *Rebelle* est reconnu pour sa créativité. Il a besoin de contacts ludiques avec les autres, de variété et de spontanéité dans ses rapports humains. Habillé de manière colorée, il aura tendance à vouloir exister par un côté excentrique et décalé. S'il soupire, c'est qu'il manque de plaisir : c'est une stratégie pour vous inviter à faire les choses à sa place.

Le type *Rêveur* est reconnu pour son imagination et sa capacité à rester concentré sur des tâches de longue haleine. Doté d'une vie intérieure très riche, il aura tendance à se replier dans son monde s'il se sent envahi par l'extérieur. Il risque alors de devenir transparent pour se faire oublier dès lors que son besoin de solitude n'est pas assouvi.

Ce bref aperçu des types de personnalité n'est en rien exhaustif.

Le modèle apporte un éclairage très instructif sur nos modes de fonctionnement, tout en gardant à l'esprit que l'individu est nettement plus complexe que la théorie. Toutefois, je vous invite à vous intéresser au modèle de la Process Com' en lisant le livre de Gérard Colignon, intitulé « Comment leur dire... » (cf. bibliographie).

En y regardant de plus près, nous pouvons en déduire qu'on ne développe pas un talent par hasard. Nous développons ces caractéristiques comportementales par rapport à des besoins psychologiques arrivés très tôt dans l'enfance. Selon le PhD Éric Berne, père de l'Analyse Transactionnelle, les injonctions que nous avons reçues dans notre enfance conditionnent nombre de nos réactions. Une injonction est un message ferme que l'on s'envoie à soi-même, qui provoque en nous des besoins psychologiques et les comportements qui en découlent. Il a été observé que des personnes nourries du besoin psychologique d'être « reconnues pour leur compétence » ont développé une injonction qui se traduit ainsi : « Sois parfait ». Dans leur schéma mental, les choses se définissent comme tel : « Dans la vie, je pars du principe que je dois être parfait, au travail ou en famille pour me sentir à la hauteur de la promesse initiale ».

Quand on rêve le monde...

Un talent serait donc le résultat d'une réaction en chaîne dont le maillon de départ serait une injonction reçue très tôt dans l'enfance qui ferait naître un besoin psychologique que nous chercherions en permanence à combler.

Une de mes forces est donc d'être spontané, créatif et d'aimer les situations ludiques. J'ai identifié que j'ai un besoin viscéral de rire et j'ai même remarqué que lorsque je suis soumis à une situation de stress, mon besoin de prendre les choses à la légère est encore plus fort. Ceci peut paraître absolument paradoxal, antinomique, mais force est de constater qu'il s'agit de mon fonctionnement. Ainsi, dans mon cheminement, j'ai pris l'habitude de poser les actions en fonction de ce besoin.

Rappelez-vous de cette anecdote : « T'inquiète pas Philippe, dans trente secondes je suis Champion du Monde ! ». Voir son visage se décomposer m'a fait éclater de rire ! Et cet éclat de rire a nourri mon besoin de vivre dans un monde ludique.
Forme d'arrogance ou instinct de survie ?

On pourrait facilement se méprendre sur ce comportement, mais ce jour-là, j'ai pris conscience que j'avais tout simplement vu juste dans ma manière de faire. Je voulais à tout prix briser cette situation de stress. Ma descente a été formidable puisque j'avais retrouvé à temps la clairvoyance nécessaire pour la mener à bien : en rigolant !

Aujourd'hui, lorsque je donne une conférence, je m'appuie sur ma spontanéité, je me glisse grâce à cela dans une configuration où je me mets en réaction à quelque chose. Je sais désormais que pour qu'une conférence se passe bien, la prise de contact avec le public doit être improvisée. Certains ont besoin de préparer un texte écrit ou d'apprendre par cœur leur entrée en scène, moi je ne peux pas · cela me bloque et m'inscrit dans un contexte où je me sens mal à l'aise. J'aime l'idée de mettre en place une complicité avec le public, une interactivité qui ne soit pas préparée à l'avance. Avant de savoir cela, je me confinais dans un système de répétition qui au final brimait ma spontanéité. Or, vous l'aurez maintenant compris, j'ai un besoin vital de cette spontanéité, mon niveau de conscience en dépend. .

Quand on rêve le monde...

En résumé, il convient de déceler nos talents personnels mais aussi de comprendre les comportements négatifs que nous générons lorsque nous sommes sous stress. Pouvoir les identifier est un bon indicateur pour jalonner nos actions, les poser, et revenir en situation hors stress. Souvenez-vous, on ne change pas ce dont on n'a pas conscience.
Connaître ses talents est important pour gagner en énergie, mais les utiliser pour réussir est encore plus fort. Pour cela, un talent doit être travaillé, peaufiné et décliné dans ce que j'appelle un point fort. Si le talent est lié à notre personnalité, le point fort est spécifique à un métier. Mon talent de spontanéité me permettait de développer un point fort dans mon métier de skieur de bosses : la vitesse. J'étais considéré comme le skieur le plus rapide de ma génération. Ma spontanéité me permettait de skier sans réfléchir, j'étais fort lorsque j'étais instinctif. Dès lors, je travaillais en cherchant à aller toujours plus vite, à sauter toujours plus haut ce qui faisait de moi un skieur très spectaculaire.

Le point fort est toujours spécifique à un métier. Il est l'addition d'un *talent*, d'un *savoir* et d'un *savoir-faire* dans le domaine. Nous l'avons vu à travers les différents types de personnalités de la Process Com' :

le *talent* est un mode stable et inné de pensée, de réflexion ou d'action. Le *savoir* constitue l'ensemble des connaissances que j'ai accumulées pour peaufiner ce talent et le décliner dans le métier. Quant au *savoir-faire*, il constitue notre capacité à décomposer et reproduire une action efficace en plusieurs étapes simples. Pour ma part, le travail physique était orienté vers plus de vélocité, ce afin d'être en mesure d'aller encore plus vite dans les bosses avec plus de puissance afin de réceptionner des sauts de plus en plus hauts.

Lorsqu'une personne possède un esprit analytique, on peut dire par exemple que son *talent* réside dans un mode stable de pensée logique et structurée. Le *savoir* est la somme des compétences acquises lui permettant de développer sa logique et son esprit d'analyse. Son *savoir-faire* réside dans sa capacité à définir un objectif, structurer un plan d'action et produire chaque étape jusqu'à la fin de la mission. Voilà un talent que je ne possède pas du tout. Lorsque je me fixe un objectif, je laisse beaucoup de place à l'imprévu... C'est ce qui a fait notre complémentarité avec Nano Pourtier qui, lui, possède cette capacité à structurer les choses. Pour une personne développant facilement ce talent, j'ai constaté que les métiers qui manipulent les chiffres et les

plannings ou les sports d'endurance étaient des domaines de prédilection, au même titre que tous les univers où il ne faut pas laisser de place au hasard...
En 1993, lorsque je suis revenu de blessure, j'ai bridé mon instinct naturel, croyant que pour réussir, il fallait skier comme Jean-Luc Brassard. J'ai perdu le sourire, le plaisir, et mes résultats étaient en chute libre. Très vite, j'ai choisi de revenir sur mes bases, sur mes forces, pour retrouver le chemin des podiums.

Dans une situation difficile, nous pouvons toujours changer de stratégie. Certains vont durcir le ton sans s'apercevoir que le problème se stratifie. Toujours plus de la même chose donnera toujours plus du même résultat. Par contre, savoir prendre du recul sur une situation nécessite de savoir lâcher du lest. Et lâcher du lest peut se faire en cherchant le plaisir que le talent suscite.

On ne réussit jamais en corrigeant ses points faibles. On réussit en optimisant ses points forts.

Plaisir : savoir gérer son stress

Le point fort est une source inépuisable d'énergie qui efface la notion de temps et d'effort. Un point fort n'est une capacité que si l'on peut l'exercer avec plaisir et constance. Au golf, vous pouvez approcher un drapeau mieux qu'un professionnel mais êtes-vous capable de le faire à chaque approche ?

Ce que Jean-Noël Gaume m'a transmis à ce sujet, c'est qu'un point fort suffit à réussir. En effet, il n'est pas nécessaire d'être « polygénial » pour réussir, au contraire, ceux qui réussissent sont très souvent de véritables spécialistes. Alors, pour exploiter vos talents, impliquez-vous, appliquez-vous. Certains savent faire preuve d'empathie, mais peuvent avoir de la difficulté à poser des limites claires. D'autres peuvent être un formidable leadership mais manquer d'écoute. En cela, il n'y a pas de mauvais manager : il n'y a que des managers incomplets. Être plus dans l'empathie pour poser mieux ses limites. Être plus à l'écoute de ses collaborateurs pour renforcer son leadership. On ne perd jamais parce qu'un point faible apparaît. On perd parce qu'un point fort disparaît.

Le génie, c'est le smoking mais pour réussir, il faut savoir enfiler le bleu de chauffe...

Un manager peut être très apprécié de ses collaborateurs juniors mais plus très crédible auprès de ses collaborateurs ayant une grande autonomie sur le métier. Quel savoir peut-il développer pour piloter chaque collaborateur avec autant d'efficacité ?

Détecter ses talents est sans doute une quête délicate dans la mesure où un talent est une capacité naturelle chez un individu. Ce qui veut dire que cette qualité est tellement évidente pour nous que nous ne la considérons pas comme un talent.

Une question importante liée au talent :

– Au travail, avez-vous régulièrement l'occasion de faire ce que vous savez faire et ce que vous aimez faire le mieux ?

– Pourquoi est-ce si plaisant à faire pour vous ?

– En clair, avez-vous chaque jour l'occasion de déployer et de développer votre point fort ?

En résumé, le talent est une source d'énergie inépuisable. Pour le solliciter dans un métier ou une activité, il est fondamental de le décliner en points forts. Aussi longtemps que nous nous appuyons sur nos points forts, nous développons une meilleure acuité de la situation.

III - Progrès : Concentrer ses efforts

Pour réussir, on ne fait pas toujours ce qu'on veut ni ce qu'on peut, mais ce qu'il faut.

Le monde est en perpétuelle évolution

Tant dans le monde animal que dans le monde végétal, les choses évoluent, avancent ou reculent mais en aucun cas ne restent figées. Cela est une réalité encore plus fragrante aujourd'hui ! Le XXIe siècle aura été le témoin de changements de paradigmes assez impressionnants :

Quand on rêve le monde...

La carrière professionnelle n'est plus linéaire. Aujourd'hui, nous évoluons dans l'entreprise ou d'une entreprise à une autre. Au cours d'une vie, il est devenu fréquent d'exercer successivement plusieurs métiers différents ou bien, au sein d'une même profession, de remplir des missions variées. Nous sommes loin de la tradition séculaire qui consistait à reprendre l'affaire familiale ou à exercer le même métier, de père en fils.

L'ouverture au monde nous permet d'adapter notre environnement à notre personnalité, tandis qu'il y a quelques dizaines d'années seulement, c'est d'une manière plus générale notre environnement qui formatait qui nous étions. Un paysan naissait à la campagne et avait un maximum de chances d'y rester. De nos jours, les migrations internes ont été facilitées et n'importe qui, pourvu qu'il possède le viatique nécessaire, peut prétendre à travailler dans des domaines aussi variés que la finance, le marketing ou l'institutionnel.

Les gens de ma génération ont intégré que l'enseignement était l'affaire de toute une vie et que les études, les validations d'acquis, remises à niveau et autres formations diplômantes étaient le lot de la majorité des cadres en entreprises. Les générations antérieures n'ont que très rarement eu à remettre en cause leurs acquis.

Aujourd'hui, l'impact de notre consommation sur l'environnement nous impose de réfléchir sur notre responsabilité quant à l'exploitation des ressources offertes par la planète, du gaspillage lié à la surconsommation ou du recyclage des déchets. Cela va susciter une remise en question fondamentale de notre façon de nous nourrir, de nous déplacer, de nous vêtir et de nous loger. Savez-vous qu'aujourd'hui, il faudrait soutirer la richesse de l'équivalent de trois planètes Terre pour assurer les besoins du monde occidental ? (*source : WWF/Cité de la Science et de l'Industrie*)

Ce ne sont que quelques exemples qui nous montrent à quel point le progrès est une nécessité dans un monde qui avance vite, de plus en plus vite !

Quels parallèles peut-on faire entre ces paradigmes et notre quotidien ?

Dans nos sociétés, si l'on n'apprend pas à progresser, nous sommes voués à nous éteindre. Cela peut paraître un peu brutal, mais le progrès, individuel ou collectif, est une donnée vitale. Pour mieux comprendre cela, il faut déconnecter l'évolution de nos sociétés des progrès que nous avons à réaliser. En effet, nos sociétés évoluent mais à titre individuel, nous ne sommes pas tenus de progresser... Nous pouvons même rester parfaitement ancrés dans nos convictions, dans nos comportements, dans nos stratégies, dans nos valeurs.

Comme l'expliquent les travaux de Maslow, l'homme est un animal en quête de reconnaissance qui a besoin de s'accomplir, de se réaliser en tant que personne en donnant du sens à sa contribution au monde. Et pour se faire, il doit faire tomber des barrières mentales, des freins psychologiques, des limites inconscientes. En sport, nous entraînons notre corps pour franchir des paliers, pour repousser des limites, pour atteindre des sommets, pour améliorer des performances... Dans la vie, beaucoup considèrent que le corps n'est qu'un véhicule pour l'esprit. Or, le corps et l'esprit fonctionnent comme un tout. Lorsque le corps n'est pas en forme, l'esprit diminue son niveau d'attention, son niveau de concentration, sa capacité de mémorisation. En cela, le sommeil est un principe fondateur pour imprimer les apprentissages d'une journée. Le corps et l'esprit fonctionnent conjointement. En progressant sur un niveau – qu'il soit physique, mental, intellectuel, comportemental ou émotionnel – nous progressons à chaque niveau !

Dans ce contexte, parfaire son métier permet de capitaliser son savoir-faire et ses connaissances. Cela rend autonome sur sa mission, dans son métier et dans sa vie.

Un jour, Nano a quitté le groupe d'encadrement. Il me restait à cette époque deux années à courir. Malgré la déstabilisation occasionnée par son départ, j'ai continué à progresser parce que les méthodes que m'avait inculquées Nano et Philippe avaient largement consisté à me laisser réfléchir sur mon fonctionnement et mon comportement de sportif. Parmi ces méthodes, la remise en question de mes acquis et l'élévation de notre niveau d'exigence. La constance de mes résultats résidait donc dans la prise d'autonomie que mes entraîneurs avaient su favoriser. Avoir de l'autorité est une nécessité qui doit laisser à la personne l'occasion de s'épanouir en tant qu'individu à part entière. Mon père me disait récemment qu'il avait toujours gardé à l'esprit qu'il disposait de peu de droits sur moi. Dans la mesure où je n'avais jamais demandé à venir au monde, le rôle de mes parents avait été de fixer un cadre et de me donner rapidement les clés de mon développement ; en me laissant faire mes propres choix, en me laissant rêver, en respectant mes décisions et en allant au bout de leurs engagements.

Je sais aujourd'hui que cette prise d'autonomie rend chacun responsable de son évolution et également plus fort face aux défis du quotidien, moins dépendant de la « conjoncture » ambiante, ce qui lui permet de voir la vie sous un angle positif et constructif. Progresser est bénéfique et fondamental pour notre santé mentale.

Repousser nos limites

Notre évolution dépend de notre vision du monde. Nous avons tous une vision du monde, de nous-même, de notre évolution qui fixe les limites de nos cadres de références. Ces cadres de références agissent comme des garde-fous ; en cela ils nous protègent de possibles dérapages. Toutefois, la nature humaine étant évolutive, elle nous pousse justement à faire évoluer nos cadres de référence qui agiront sur l'évolution de nos principes, puis de nos comportements voire de nos émotions. La vie se charge de nous faire prendre conscience de nos évolutions lorsqu'elle nous confronte à nos limites.

Revenons sur Zinédine Zidane. Après la finale de la Coupe du Monde, Zidane a donné un entretien unique sur Canal + pour apporter un éclairage sur son geste. Il a expliqué qu'il regrettait auprès des jeunes les conséquences de celui-ci. En revanche, il ne regrettait pas le geste. En cela, il touche une limite. Certes, il en a sans doute fallu beaucoup pour que ce personnage exceptionnel qu'est Zinédine Zidane atteigne ses limites… Toujours est-il que tant qu'il n'aura pas pardonné à Materazzi autant qu'à lui-même, il risque de rester dépendant de ses réactions impulsives, lorsque la situation l'exigera. Dépasser ses limites consisterait à refuser d'entrer dans le jeu de manipulation de ses adversaires tout en acceptant qu'ils puissent agir ainsi.

Quelle partition devez-vous jouer ?

Donner le meilleur de soi entre un portillon de départ et une ligne d'arrivée, telle était ma mission. C'est là en priorité que mes entraîneurs m'attendaient. Tant que je n'ai pas atteint cet objectif, je devais peaufiner mon approche. Je vois des jeunes sportifs qui travaillent leur communication avec les médias avant de s'entraîner. C'est le meilleur moyen de ne jamais se retrouver face à des médias... Je vois des salariés passer des heures en réunions syndicales pour se plaindre du manque de temps dont ils disposent pour réaliser leur mission alors que s'ils se consacraient entièrement à celle-ci, ils n'auraient pas de problème pour gérer leur agenda. Nous sommes happés par le temps lorsque tout est prioritaire. Or, si tout est prioritaire, c'est que la définition de notre poste n'est pas claire. Ce n'est pas une question de masse de travail, simplement une question de hiérarchisation des priorités...

Concentrer vos efforts

J'ai mis des années à construire une technique, une vitesse, un équilibre, et ce que j'ai observé c'est que je progressais en restant impeccablement centré sur les mêmes petits gestes au départ de chaque passage, au cœur de mes routines de concentration et d'action.

Progrès : concentrer ses efforts

Au fil du temps, ces actions se complétaient ou se simplifiaient pour, toujours, résumer la technique complexe du ski de bosses à des gestes simples que je nomme des *fondamentaux*. Pour avoir parlé avec d'autres sportifs, des acteurs, des entrepreneurs, des managers, des vendeurs, des docteurs, des enseignants, je peux affirmer que tous les métiers du monde possèdent des fondamentaux. De l'accueil du client à notre façon de lui dire au revoir en passant par différentes phases de négociation, chaque séquence du métier repose sur des bases techniques, émotionnelles et relationnelles. L'idée est de savoir quels sont les fondamentaux qui peuvent nous permettre d'être plus à l'écoute, plus disponible, plus réactif, plus convaincant, plus chaleureux. C'est en restant centré sur ces fondamentaux que nous enclenchons des spirales de réussite…
J'ai gagné la course des Jeux Olympiques parce que dans le portillon de départ, j'étais concentré sur trois gestes :

- pousser fort sur mes bâtons
- garder en permanence mes bras devant
- penser : « trois virages après la ligne d'arrivée »

Quand on rêve le monde...

Lorsque l'esprit est centré sur des choses aussi simples que fondamentales, nous sommes davantage hermétiques à la pression d'enjeu. Ces gestes ont toujours été des bases solides sur lesquelles je pouvais construire mon évolution. De plus, leur simplicité renforçait ma confiance. Toute performance puise sa quintessence dans des gestes et des actions absolument basiques.

Pour réussir, on peut être centré sur les gestes ou centré sur la stratégie. À un niveau donné de compétition, chaque sportif est objectivement bon ; ceux qui se détachent sont ceux qui possèdent la meilleure stratégie. Sachant qu'une stratégie ne peut être mise en œuvre sans gestes clés, sur quoi doit-on se concentrer ?

La stratégie de l'excellence

Le briefing : fixez-vous un objectif !

Pour être en mesure de vous fixer des priorités d'action, il est indispensable d'avoir un objectif clair. C'est-à-dire un objectif spécifique. Vous devez être en mesure de voir concrètement le résultat de votre action. Un objectif doit tenir compte de vos capacités actuelles en restant réaliste par rapport à celles-ci. Un objectif doit pouvoir être évalué : vous disposez d'indicateurs qui vous permettent de mesurer le chemin parcouru et de juger le résultat. Un objectif se doit d'être réaliste et doit tenir compte de la conjoncture du moment et des perspectives à venir. Un objectif s'inscrit dans le temps : vous avez daté l'échéance et balisé le chemin à parcourir. Un objectif doit être « écologique » pour vous et votre environnement : vos valeurs sont en accord total.

Donnez-lui du sens

Il y a toujours une raison suprême de vouloir atteindre un objectif. Allez chercher au fond de vous cette raison suprême. En vous posant six fois la question suivante : en quoi est-ce important d'atteindre cet objectif ?

En quoi est-ce important pour moi d'être champion olympique ?

Parce que je réaliserai mon rêve de gosse.

En quoi est-ce important pour moi d'atteindre mon rêve de gosse ?

Parce que j'existerai aux yeux de mes parents.

En quoi est-ce important pour moi d'exister aux yeux de mes parents ?

Parce que je gagnerai en confiance en moi.

En quoi est-ce important pour moi de gagner en confiance ?

Parce que je pourrai dire que l'on peut réussir sans se prendre la tête.

En quoi est-ce important pour moi de montrer qu'on peut réussir sans se prendre la tête ?

Parce que j'ai envie de vivre dans un monde où chacun est heureux et épanoui.

Pour me prouver la pertinence de cet exercice, un consultant m'a posé six fois cette question en commençant par : « en quoi est-ce important pour toi de mettre une paire de baskets pour aller travailler ? » Le résultat final était incroyable ! Que cela soit conscient ou inconscient, nous donnons du sens à tout… Pour être motivant, un objectif doit avoir du sens et nous devons en prendre conscience.

Trouver un modèle

Cela ne sert à rien de réinventer la roue. Si des personnes sont déjà passées par le chemin que vous souhaitez emprunter, demandez-leur des informations sur la qualité du sol, les pièges à éviter, les passages où vous pouvez gagner du temps… Étudiez les réussites des autres pour réussir. Écoutez ceux qui sont déjà passés par là. Ils vous donneront des indications précieuses pour construire votre propre chemin. Il ne s'agit pas de faire la même chose ni d'imiter dans le moindre détail. Il s'agit de modéliser en s'inspirant des expériences des autres pour arriver à vos fins.

Passez à l'action de façon massive !

Implication totale, immersion totale ! En faisant les choses à moitié, on obtient la moitié des résultats espérés. Être dans l'instant de l'action est le seul moyen de s'impliquer totalement. Le passé n'a plus lieu d'être et l'avenir n'est pas encore une réalité. Le seul vrai moment qui compte est celui sur lequel nous avons le pouvoir d'agir : l'instant présent. Souvent je nourrissais des doutes à propos de la compétition du lendemain et mes doutes engendraient parfois la peur de ne pas être à la hauteur, la peur de ne pas m'être assez entraîné, la peur ne de pas être prêt à temps, la peur du regard des autres si je ne suis pas à la hauteur de la promesse... Ma façon de combattre ces peurs était d'arrêter de me projeter dans l'avenir ou dans le passé, une projection source de conflits internes. En retrouvant le moment présent, je retrouvais une capacité à agir, à me concentrer sur ma préparation, à me concentrer sur mes gestes clés, à me concentrer sur ma stratégie. Et c'est en agissant ainsi que je retrouvais également de la confiance. Car le seul moment qui compte est celui de l'instant présent. C'est là et uniquement là que nous pouvons passer à l'action de façon massive. Croyez-moi, il vaut mieux affronter ses peurs plutôt que de vivre dans l'angoisse qu'elles se réalisent.

Faite le point régulièrement

Qui ne rend pas compte, ne se rend pas compte. En ski, chaque descente était analysée. L'entraîneur commentait les vidéos et corrigeait nos prestations. Les points à améliorer étaient systématiquement détectés pour que nous puissions immédiatement en prendre conscience. De cette façon, chaque jour, grâce à la vidéo, nous pouvions anticiper et préparer le travail du lendemain. Chaque progrès était directement issu des séances de débriefing, c'est-à-dire de cette façon de verbaliser une action réalisée, de la raconter dans le détail en mettant en exergue les points positifs et les points négatifs. Chaque jour, avez-vous l'occasion de raconter votre journée à quelqu'un ?

L'échange est formateur, car opérer des briefings/ débriefing est un excellent moyen de progresser : confronter ses jugements de valeur, discuter, argumenter, etc. Le fait de verbaliser les choses, de raconter, d'expliquer, permet de prendre conscience et d'identifier les points d'échec comme les points de progrès. Malgré qu'il ne dispose pas d'un entraîneur attitré, le tennisman Roger Federer n'est pas une exception. Il disait que ses meilleurs prises de conscience pour progresser se formalisaient lorsqu'il racontait ses matchs aux journalistes lors des conférences de presse. Il faut savoir que plus nous racontons une action, plus notre cerveau est en mesure de scénariser l'action parfaite. J'ai fait, défait et refais des milliers de fois la descente parfaite avant les Jeux, jusqu'à l'avoir dans la peau !

Améliorez votre approche jusqu'à atteindre votre but

On ne réussit pas tout du premier coup. À l'époque où il voulait financer son premier parc d'attractions, Walt Disney s'est vu refuser son dossier cent douze fois avant de trouver une banque qui lui accorderait un financement. Edison a échoué plus de neuf mille fois avant de trouver la solution capable d'éclairer le monde. Ce n'est pas parce que ça ne marche pas une fois que cela ne marchera jamais. Améliorer votre approche en tirant les leçons de vos tentatives et vous tirerez des enseignements d'une richesse incroyable ! Là où il y a un enseignement, il y a un progrès potentiel. Dès lors, la notion d'échec se réduit à mesure que la notion d'évolution se concrétise. Toutefois, l'échec existe et j'ai croisé au cours de ma carrière deux situations où le sentiment d'échec était réel.

L'immobilisme

L'immobilisme, c'est un rêve, un objectif, un projet pour lequel je n'ai jamais osé poser la première pierre. Parce que nos croyances sont plus fortes que notre volonté, nous avons souvent tendance à laisser tomber nos rêves par peur qu'ils ne deviennent des cauchemars... Mais de l'utopie à sa réalisation, il y a des étapes qui ont pour but de transformer le rêve en une réalité enthousiasmante ! L'échec se traduisait par un sentiment de frustration très intense. Détestant me réfugier dans ce genre d'émotions négatives, je me suis dit qu'il fallait bouger sinon, c'est toute ma vie durant que je resterais frustré.

Reproduire deux fois la même erreur

Parce que je n'avais pas pris le soin de comprendre ce qui m'avait fait échouer une première fois, je suis retombé dans le même piège. Dès lors, je me suis mis à refuser la confrontation aux mêmes situations. Ne sachant pas pourquoi j'échouais, j'avais peur de perdre encore...

Quand on rêve le monde...

Lorsqu'une action vient d'être réalisée, nous devons en tirer les enseignements, sinon la peur de l'échec risque de venir gangrener notre volonté d'atteindre nos buts. Dans notre culture, on préfère généralement ne rien faire que de se tromper. Cela est flagrant ! À titre d'exemple, lorsque l'on reçoit quelqu'un dans le cadre d'un entretien de recrutement, on cherche ce qu'il a réussi par le passé. Aux États-Unis, on demande aux gens ce qu'ils ont raté. Là-bas, le débriefing est une action incontournable. Du coup, le rapport à l'échec est plutôt positif car ils savent mieux que beaucoup qu'on se construit dans l'échec.

Chaque situation de la vie est propice à notre évolution dès lors que nous souhaitons en tirer parti. Ce qui est magique, c'est que plus nous progressons, plus nous développons un véritable un désir de réussite. Évoluer n'est pas toujours évident car cela impose de remettre en question certains acquis.

Il y a ceux qui progressent et ceux qui stagnent

Nous connaissons tous des personnes qui se réfugient derrière des excuses telles que : « la stratégie n'est pas bonne, le produit ne plaît plus, la concurrence est féroce, la conjoncture n'est plus favorable, le client n'a plus le sou !... ». Ce que je constate régulièrement, c'est que ces personnes n'appliquent plus les fondamentaux parce que ce sont des « trucs » de débutants, parce qu'ils les ont appliqués au début et que ça ne marche plus aujourd'hui, parce qu'ils maîtrisent le métier, parce que c'est obsolète... Là encore, les justifications pleuvent ! Or, ce qui fait la différence entre un professionnel et un amateur se situe exactement là :

Le professionnel applique ses fondamentaux et ses résultats sont constants. L'amateur, quant à lui, possède de grandes stratégies et pas de fondamentaux : ses résultats évoluent en dents-de-scie.

Le professionnel est capable de vous expliquer précisément les raisons d'un échec. L'amateur vous noiera sous une tonne de justifications.

Le professionnel saura ce qu'il doit améliorer pour repartir en conquête. L'amateur saura comment dépenser plus d'argent pour faire encore moins de résultats.

Quand on rêve le monde...

Le professionnel saura assumer et faire face aux conséquences d'un échec. L'amateur saura remettre la faute sur l'extérieur et fuir ses responsabilités. Il s'agit d'une forme de récrimination.
Le professionnel garde une ligne directrice pour atteindre ses buts. L'amateur navigue en fonction du dernier résultat obtenu.
Le professionnel répète, l'amateur recommence.
Lorsque la pression augmente, le professionnel développera l'envie de gagner. L'amateur développera la peur de perdre.

J'ai remarqué que ce n'était pas forcément les gens les plus compétents qui réussissaient dans la longueur, mais au contraire ceux qui gardaient en permanence à l'esprit le souci de perfectionner à chaque instant leur métier. Apprendre, tirer des enseignements, est donc une nécessité. Mais n'oubliez jamais que le plus important n'est pas ce que l'on sait.

Le plus important est ce que l'on fait de ce que l'on sait !

IV – Intégrité : Être fier et s'accomplir

L'intégrité est à l'homme ce que l'écologie est à la planète : une notion élémentaire qui permet à chacun d'assurer sa survie.
Sommes-nous pour autant toujours intègres ?
Avons-nous en permanence la volonté de respecter notre corps et notre esprit ?

Je souhaite prendre le risque que vous jugiez mon propos moralisateur dans ce chapitre. Cette notion d'intégrité est à mon sens celle qui reflète l'essence même de chacun d'entre nous. Grâce au ski, j'ai le sentiment d'avoir accompli quelque chose dans ma vie. Pour autant, je n'ai pas le sentiment d'avoir réussi ma vie. Nous sommes tous capables de réussir quelque chose dans notre vie : des enfants, un mariage, une carrière...

Toutefois, la clé de voûte d'une vie réussie se forge dans le métal de l'intégrité.

Parfois, nous avons tendance à nuire de façon directe ou indirecte à notre corps (tabac, alcool, drogue, etc.) et à notre esprit. Lorsque l'on se ment à soi-même ou lorsque l'on ment aux autres, nous sommes en décalage avec nos valeurs. Dès lors que nous sommes « dés-alignés » dans notre intégrité, nous nous « désintégrons ». Un acte pour se « ré-aligner » est alors nécessaire pour retrouver cette paix psychologique que j'appelle l'intégrité.

Un fameux article à ce sujet m'avait interpellé et beaucoup intéressé. Il s'agit de l'histoire du Préfet

Bonnet, en Corse, qui avait vécu deux années dans le déni d'une vérité qui l'accablait. En effet, il lui a fallu deux ans pour avouer enfin qu'il avait donné l'ordre de brûler la Paillote *Chez Francis*. Ces aveux, il les avait prodigués lors de l'ultime séance au tribunal. À sa sortie, interrogé par la presse, il s'est exprimé en ces termes : « j'ai vécu durant deux ans dans le mensonge. En avouant, je me suis ré-aligné avec la conception que j'avais du métier de Préfet de la République. C'est pour moi un grand soulagement ».

Il n'existe pas de performance durable sans éthique.

Pour réussir et pérenniser une spirale d'épanouissement, il est nécessaire d'aligner en permanence qui nous sommes en termes d'identité avec ce que nous visons en termes d'objectifs et ce que nous mettons en place en termes d'actions. Pour cela, l'homme conjugue l'art et la manière. L'art étant la stratégie et le plan d'action qu'il emploie pour atteindre ses buts. La manière, le reflet de son système de valeurs.

Quand on rêve le monde...

Un système de valeurs est un héritage familial, culturel et professionnel qui permet aux hommes de se reconnaître et de cohabiter. Il permet la cohésion des masses autour de principes fondamentaux... En France, les valeurs exprimées sont Liberté, Egalité, Fraternité. Ceci explique notre volonté de défense des Droits de l'Homme et également les levées de bouclier lorsque quelqu'un ne les respecte pas. Une valeur ne fédère pas tous les hommes, elle exprime des comportements attendus et des comportements défendus. Et si l'on voit autant de conflits émerger, c'est parce que chacun possède sa propre interprétation vis-à-vis d'une valeur, qu'elle soit républicaine, religieuse, morale ou autre. Dès lors, on peut dire qu'il y a conflit de valeurs.
Il existe trois grands systèmes de valeurs qui guident quotidiennement nos actes :

– **La morale :** un système de valeurs qui concerne les règles de conduite en usage dans notre société.

– **L'éthique :** un système de valeurs personnelles hérité de notre éducation mais également développé sur la base de nos expériences. C'est le reflet de qui je suis vraiment. Je vous parlais de la notion de responsabilité ou d'autonomie. Voilà des valeurs fortes qui m'ont été transmises par mes parents et relayées par mon coach. L'éthique, c'est donc un héritage parental que l'on a intégré, affiné, et également des principes de vie que l'on s'est fixés sur un plan moral.

– **La déontologie :** un système de valeurs défini par une activité professionnelle. Les médecins ont dans leur déontologie, le respect du secret médical qui définit clairement les droits du patient et les devoirs du médecin. Le sport également possède ses propres codes.

Je suis fermement convaincu que l'on ne peut pas réussir en-dehors de son système de valeur. Je l'ai constaté, l'exception à la règle réside uniquement dans les exploits ponctuels. Or, il ne faut pas confondre *exploit* (monter sur un podium) et *performance* (y rester !). Les notions de temps et de durée sont fondamentales. Les sportifs qui n'ont pas su faire preuve d'une intégrité sans faille, ferme, pure, absolue, sont tombés tôt ou tard. Certes, quelques-uns ne se sont pas fait prendre, mais je pense qu'ils le payent d'une manière ou d'une autre : la rectitude est la puissance de notre mental. En restant aligné en permanence, nous développons plusieurs traits de caractères tels que la cohérence, le charisme et l'exemplarité.

La cohérence d'un individu nous fait croire en lui. Son charisme nous stimule, nous donnant envie d'avancer à ses côtés. Son exemplarité nous rassure sur le chemin quotidien. Nano est un homme qui possédait une exemplarité indiscutable. Lorsqu'il exigeait de nous des heures d'entraînement, il était toujours là, au pied de la piste, par des températures parfois polaires ou sous des pluies torrentielles. Jamais il n'a quitté son poste et pourtant il avait bien d'autres missions à gérer.

À vaincre sans éthique,
on triomphe sans gloire.
(*« À vaincre sans périls, on triomphe sans gloire »*
Corneille, *Le Cid*, 1682)

Nos valeurs sont donc nos racines, elles nous ancrent dans la terre. Fondement de notre identité, elles déterminent nos comportements et nos décisions. Toute prise de décision se réduit à une clarification de nos valeurs. Au titre de ce que j'ai exprimé sur ma décision de ne pas prendre de médicaments interdits, je peux vous affirmer que ce choix est le reflet de mes valeurs.

J'ai peut-être perdu la course et le titre de N°1 mondial cette année-là. Et donc à court terme, ce n'était pas une bonne décision.

L'éthique prime le résultat.

En revanche, à long terme, je gagne car j'éprouve encore aujourd'hui une grande satisfaction envers la manière dont j'ai réalisé ma carrière. Je peux me regarder dans la glace chaque matin et être fier de moi. Cela est fabuleux ! Les bénéfices agissent sur l'estime que je me porte. Vous allez vous dire que je m'aime ? Peut-être, mais surtout, je me respecte car l'estime de soi est un jugement de valeur à propos de nous-mêmes. Lorsque le jugement de valeur est positif, nous franchissons un pas important car pour respecter l'autre, il faut pouvoir se respecter soi-même. On ne peut donner que ce que l'on possède...
Développez plus de respect, d'amour, de bien-être, de confiance envers vous-même et vous pourrez donner plus, tout en préservant votre équilibre. L'équilibre est important, il faut pouvoir donner sans attendre en retour plutôt que de se sacrifier.

Les valeurs déterminent les règles du jeu.

Au travers d'une valeur, on construit un terrain de jeu avec des règles. À l'instar de tous les jeux, on ne pourrait pas s'épanouir sans règlement. Je pense qu'un individu ne peut s'épanouir que dans un cadre défini. Les valeurs deviennent alors intéressantes quand elles sont déclinées en règles du jeu claires.

En revenant sur une anecdote retranscrite plus en amont dans la partie autobiographique, je défends farouchement l'idée que les valeurs renforcent l'estime de soi. À dix-neuf ans, j'ai en effet été confronté à une des facettes du sport de haut niveau.

La question était de savoir jusqu'où étais-je prêt à aller pour gagner ? Compte tenu que je véhiculais les valeurs inculquées dans mon enfance par mes parents, la notion de responsabilité était très forte pour moi. En plus de mon cercle familial, j'avais chaque jour devant moi Nano, mon coach. Ses valeurs étaient similaires à celles de mes parents, mais elles étaient transposées dans le contexte sportif : respect de soi,

respect de l'adversaire et respect des règles. Nano a toujours été intransigeant à propos de cela. Aucune négociation n'était recevable.
Donc, en choisissant de me doper, j'allais sciemment bafouer mes valeurs et donc une partie de moi-même, violer les règles déontologiques imposées par les règlements de la Fédération Internationale de Ski et les principes managériaux imposés par Nano. Heureusement, j'ai préféré perdre avec honneur, que gagner avec déshonneur.
Je dis « heureusement » car nous ne sommes jamais à l'abri de la tentation d'enfreindre les règles. J'étais même assez doué dans le domaine, notamment pour les règles de vie que nous imposait Nano. C'était une façon très personnelle d'aller voir si la limite était bien marquée. Un peu comme en voiture... Tant que je sentais la possibilité de passer au travers ou de « négocier », j'avais du mal à respecter les limitations de vitesse. Les règles étaient là mais les sanctions pas toujours... Aujourd'hui, les règles n'ont pas changé, mais le système de punition s'est renforcé avec les résultats que l'on sait.
Cela me pousse au constat suivant : pour qu'une règle soit appliquée, elle doit avoir du sens c'est à dire être connectée à des valeurs fortes et à un système de sanctions fulgurantes.

Quand on rêve le monde...

Nano structurait son approche de coach selon trois choses : la valeur, la règle et la sanction. En la matière, l'erreur, d'ordre technique, se pardonne, mais la faute, d'ordre comportemental, se sanctionne.

En guise d'exemple, il souhaitait que nous soyons impliqués à 100% dans nos entraînements car il savait que le niveau d'implication injecté à l'entraînement conditionnait notre niveau d'implication en course. En clair, plus tu t'impliques, plus tu auras à cœur de donner le meilleur de toi-même. Il disait d'ailleurs à ses athlètes que l'« on ne grandit pas dans la facilité, mais dans l'adversité ». C'est en allant se confronter aux difficultés que l'on se donne les moyens de réussir...

L'implication était présentée comme une valeur-clé.
La règle du jeu était donc de laisser nos problèmes à la maison lorsque nous étions à l'entraînement. C'est absolument tout ce qu'il exigeait de nous. Il nous le répétait souvent. Un soir, après une réunion, je lui ai demandé : « Nano, quelquefois, je peux être mal à l'aise parce qu'à la maison, les choses ne se passent pas très bien et c'est vrai que l'entraînement peut être perturbé mais c'est plus fort que moi... ». Il m'a répondu que sa porte était ouverte tous les soirs à l'attention de ceux qui

auraient éprouvé le besoin de parler de leurs problèmes. Il laissait toujours un espace de discussion et à une heure qui n'empêchait en rien de poursuivre nos objectifs...

Un matin de novembre, nous étions sur le glacier de Tignes en stage d'entraînement et je n'étais pas dans mon assiette. J'avais quelques problèmes à résoudre d'ordre personnel et cela se répercutait visiblement dans la qualité de mon ski. Lorsque Nano m'a demandé si j'allais bien ce matin-là, je lui ai répondu que j'étais assez fatigué par la séance de la veille et je lui ai demandé si je pouvais rentrer à l'hôtel. Nano m'a regardé et a rétorqué : « Tu peux même rentrer chez toi... ». Je suis parti en direction de l'hôtel et j'ai passé trois coups de téléphone, pour régler ce qui me tracassait. Puis j'ai attendu que l'équipe redescende du glacier. Lorsque tout le monde est arrivé, j'ai avancé au milieu de la salle à manger et Nano m'a attrapé au vol et a dit devant tout le monde : « Je crois que tu ne m'as pas bien compris Edgar, tu fais ton sac et tu pars immédiatement, parce moi les petits cons dans ton genre qui s'amusent à ne pas s'impliquer à l'entraînement, je ne les veux pas dans mon équipe ». Au moment où je quittais la salle, il a continué : « Je t'appellerai dimanche soir pour savoir si tu dois revenir au sein du groupe ou pas ». Un silence lourd pesait dans la pièce. J'étais le leader de cette équipe...

J'ai mal dormi la nuit suivante, rongé par l'anxiété. J'avais délibérément enfreint la règle de Nano et ce n'était pas faute de ne pas le savoir... Le dimanche soir, Nano m'a dit de me présenter le lendemain matin à l'hôtel. J'étais très inquiet, je ne savais pas si on allait me renvoyer de l'équipe ou pas. Quand je suis arrivé et qu'il m'a vu, Nano m'a ouvert grand ses bras : « ah, je suis sacrément content de te voir ! ». J'étais immensément soulagé et je suis reparti de plus belle à l'entraînement. Au final, j'ai fini par me dire que lorsque la sanction est juste, elle est salvatrice car elle permet de remettre les idées à leur place et les priorités avec. Ce fut une belle leçon pour moi, et un enseignement pour les autres. Si Nano était capable de sanctionner l'un de ses meilleurs éléments, alors chacun était assuré de pouvoir évoluer dans un cadre juste et équitable.

Chacun ne regarde pas le monde avec les mêmes yeux. Chacun possède son propre cadre de références, sa propre grille de lecture du monde, composée de prismes réfléchissant nos valeurs, nos désirs, nos peurs, nos zones d'ombres par lesquels nous filtrons chaque événement.

Toutes les difficultés relationnelles que nous avons sont dues à notre capacité plus ou moins forte à intégrer le cadre de références de l'autre. Pour qu'il y ait cohésion ou communion, l'être humain a besoin d'une référence culturelle au travers de valeurs communes telles que le respect de l'autre, le partage ou la solidarité. Pour un groupe comme pour une entreprise, les valeurs fondent la culture autour de laquelle chacun peut ressentir un sentiment d'appartenance, viser les mêmes buts, s'extasier sur les mêmes choses ou s'horrifier sur les mêmes causes...

Pour moi, l'idée n'était pas de réussir dans le ski pour réussir dans le ski, mais de réussir dans le ski pour pouvoir être prêt à réussir dans la vie.

Ainsi, j'ai aussi compris ce jour-là qu'un système de valeurs n'est pas figé dans le marbre, il évolue avec le temps et au contact des gens, tout comme Nano, qui a contribué à développer d'autres valeurs que celles liées à mon éducation. Ce dont on hérite ne correspond pas forcément à ce que l'on est, c'est pourquoi il est important de faire le point de façon régulière et de ne pas être frileux quant à l'évolution de nos mentalités.

Il vaut mieux se définir que se défendre.

Quels sont pour vous les 3 principes fondateurs qui guident votre vie ?

En quoi sont-ils si importants à vos yeux ?

Quels sont les trois comportements que chacun d'eux induit de manière irréfutable dans votre quotidien ?

Quels sont les trois comportements auxquels vous ne vous soustrairez jamais sur l'autel de ces principes ?

V – Cohésion : Avoir l'esprit de fête

Avoir l'esprit de fête, c'est savoir fêter ses victoires, ses progrès et ses efforts, de manière collective. Quoi qu'il arrive, dans le sport, dans la vie, comme dans le travail, on ne gagne jamais tout seul. J'ai fait un sport individuel, mais jamais je ne me permettrai de dire que ces victoires, je ne les dois qu'à moi-même. La performance qu'un athlète fournit entre un portillon de départ et la ligne d'arrivée n'est que la somme des performances que chaque collaborateur a investie dans la préparation du défi. En Équipe de France j'étais un maillon de la chaîne, un élément du système au même titre que le capitaine, les entraîneurs, le préparateur physique, le kinésithérapeute, le médecin. Pour arriver dans le portillon de départ en pleine possession de mes moyens, je devais compter sur les qualités de chacun des acteurs de la préparation. Si bien qu'au moment de franchir la ligne, lorsque je donnais le meilleur de moi-même, tout le monde était heureux. La victoire était partagée. Lorsque ce n'était pas le cas, j'avais besoin d'une épaule pour cacher ma déception. Si j'étais là pour fêter les victoires, ils étaient aussi là pour éponger les larmes de ma tristesse…

Fêter ses victoires donne soif de nouvelles victoires !

Pour qu'un système fonctionne, il faut une hiérarchie, des projets communs et des règles communes L'influence que nous avons au sein d'un système hiérarchique est phénoménale ! Lorsque j'affichais mes prétentions, je pouvais lire de l'envie dans les yeux de mes entraîneurs. Parce qu'avant d'être des entraîneurs, ce sont des hommes : ils ont besoin qu'on leur donne envie d'avoir envie. Il est difficile de se dépasser pour quelqu'un qui n'a pas de désir... Comme je l'écrivais précédemment, la différence entre une personne performante et une personne qui ne l'est pas se situe au niveau de la croyance. Lorsque la personne est animée par la croyance qu'elle va réussir, elle a de fortes chances d'emmener dans sa roue des collaborateurs motivés par la même ambition d'atteindre des buts. Toutes les aventures humaines ont été déclenchées par des gens motivés et motivants. Si Nano Pourtier a cru en moi, c'est parce que je réunissais selon lui, les ingrédients nécessaires qui lui donnaient envie de s'investir. Toutes les aventures ont une dimension humaine. Fêter les aventures humaines donne soif aux hommes de repartir en conquête, pour en vivre de nouvelles. Voilà pourquoi si, à un moment donné, je ne m'arrête pas pour leur dire « merci » et fêter nos initiatives, leur investissement s'épuisera...

La routine tue la vie,
il faut tuer la routine !

Quand on rêve le monde...

Sans sourire, sans moment festif, sans expression de joie, la vie est condamnée à s'enliser dans une routine quotidienne : la fameuse litanie « métro, boulot, dodo ». Toutes les religions ont instauré des rites et des rythmes pour permettre aux gens de se retrouver autour de leurs idéaux. Tous ces rites, qu'importent leur signification et le sens premier de leur fonction, rythment l'année. Noël est devenu au fil du temps un rite familial avant d'être un rite religieux... Je sais pour ma part que si Noël n'existait pas, je ne verrais quasiment jamais mes cousins. Les séminaires dans l'entreprise, les remises de diplômes dans le cadre de la vie scolaire, sont autant d'occasions pour se retrouver ensemble et fêter des résultats ou des années qui s'achèvent… Ce que je crois, c'est qu'au-delà du rite, nous devons savoir ponctuer nos efforts, nos progrès autant que nos résultats par des moments de retrouvailles collectives. Et ce afin de pouvoir boucler la boucle. Car si nous aimons notre travail, alors nous aimons fêter notre travail.

Ce propos peut-il se tenir ailleurs que dans un monde parfait ? Je pense plutôt que si nous n'avons pas su mettre de l'huile dans nos rouages collectifs, c'est peut-être parce que nous avons oublié de fêter nos efforts et de récompenser nos hommes.

La fête efface les traces laissées par l'effort.

Parce que le boulot laisse des traces, physiques ou morales, il peut aussi laisser des traces relationnelles. Dans l'urgence, nous n'avons pas toujours le temps de prendre des pincettes, de remercier l'autre pour le service rendu, d'apprécier la qualité de son travail. L'occasion de faire la fête est un temps pour les individus de remettre les compteurs relationnels à jour. Quand la fête est un moment de partage qui valorise et remercie l'ensemble de l'équipe, c'est une cohésion qui vient renforcer le système.

Souvent, j'avais besoin de décompresser. L'équipe de France 24H/24, c'était pesant. La routine qui s'installait dans nos modes de fonctionnement ajoutée à la pression d'enjeu grandissante favorisaient les conflits au sein de l'équipe. Nano nous laissait sortir certains soirs parce qu'il savait que ce moyen de décompresser modulerait notre implication lors des entraînements suivants.

Quand on rêve le monde...

Tout au long de ma carrière, j'ai eu l'image d'un sportif qui ne se prenait pas au sérieux et qui sortait la veille des courses. Si en effet je sortais et je m'amusais, c'était d'abord pour partager des moments à forte dimension humaine. Jamais je ne suis sorti la veille d'une course (en fait si, cela m'est arrivé une fois lors d'un Championnat de France...) donc, jamais la veille d'une échéance internationale ! Grâce à la fête, les rapports avec nos coéquipiers et nos entraîneurs se tissaient et nous permettaient de nous connaître au-delà de l'activité qui nous reliait les uns aux autres. Au boulot, on parle boulot… On dit souvent que l'on apprend à mieux cerner les gens dans les situations difficiles ; la fête est selon moi un autre contexte au sein duquel les personnalités se révèlent. Dans un moment festif, les sources de stress sont occultées au profit d'un état d'esprit léger et serein : on porte alors un nouveau regard sur les gens que l'on côtoie quotidiennement. Cela permet d'enrichir la valeur que l'on porte à l'autre et puis ça fait des émotions et des souvenirs...

Ne pas confondre l'esprit de fête et la bringue.

Il y a eu un moment dans ma carrière de sportif où j'ai délibérément laissé dériver le sens premier de la fête vers un extrême malsain et destructeur. Après ma blessure… Ce fut un moment que j'ai très mal vécu parce que je cherchais à fuir la réalité de ma blessure. La bringue était mon nouveau refuge. Je sortais pour une mauvaise raison et j'avais beaucoup de mal à l'admettre. Souvent, on compense en se soumettant à des pulsions à court terme : assouvir mon besoin de sortir me permettait de figer le passé. Ainsi, en satisfaisant mes pulsions immédiates, je mettais mon avenir en angle mort : j'ai alors compris que la fête pouvait être fatale à qui n'était pas en mesure de la gérer.
Il y avait d'un côté la notion de fête en termes de récompense, de convivialité et d'exaltation ; et de l'autre, la fête, synonyme de fuite et d'excès. Puisque la démarcation entre les deux était facilement franchissable et difficilement identifiable, j'ai pris le parti de ne faire la fête que lorsqu'il y avait quelque chose à fêter ou quelqu'un à remercier et à qui témoigner ma gratitude.

Il y a ceux qui font la fête et ceux qui ne la font pas...

Certains coureurs arrivaient sur les premiers stages de préparation physique avec une avance incroyable sur le programme. Déjà au top physiquement, ils restaient connectés à leur travail jour et nuit. Sur les skis, ils étaient de véritables Stakanovitz de l'entraînement. En compétition, ils excellaient sur les courses de début de saison. Comme vous avez pu le constater en lisant ce livre, les grandes échéances se déroulent toujours à la mi-février… Or, quand on est sur le fil toute l'année, il y a forcément des points de rupture… Chaque saison, je pouvais constater que les meilleurs skieurs du début d'hiver finissaient par s'essouffler fin janvier début février.
J'ai donc eu l'occasion de côtoyer des personnes qui ne fêtent jamais rien... et je crois que cela n'est pas forcément une bonne chose. Certains coureurs, en plus de ne jamais rien fêter, s'affichaient quotidiennement avec une mine grave et renfermée, où pas même l'esquisse d'un sourire ne venait éclairer leur visage. La linéarité et la prévisibilité de leur comportement me semblaient très

étranges. Je crois ne pas m'avancer en disant que le staff savait apprécier les qualités du coureur en question, mais ne nouait jamais de liens profonds avec ces personnes.

Une mauvaise gestion de la préparation ? Pas si sûr...

Ces coureurs valeureux s'investissaient tellement dans leur métier qu'ils en oubliaient de prendre du recul sur leur situation et de remettre de l'énergie dans leurs relations. Tant qu'ils travaillaient bien, l'entourage s'en félicitait. Lorsque les bons résultats arrivaient, les mêmes restaient bredouilles de reconnaissance. Dès lors, je pouvais voir se tramer des résistances. « Bon d'accord, il fait de bons résultats, mais ce n'est pas très gai de travailler avec… », entendais-je. Alors l'implication de l'entourage se faisait légèrement moins présente. Et quand les résultats baissaient parce que la concurrence élevait le niveau au mois de janvier, les conflits explosaient. Et l'engrenage infernal s'enclenchait de nouveau… Comme ils faisaient moins de résultats, ils travaillaient deux fois plus. En travaillant deux fois plus, ils obtenaient deux fois plus du même résultat.

Une bonne remise en question des méthodes de fonctionnement aurait été du plus grand secours. Nous avons tous besoin que l'on nous donne envie de bosser. Que nos managers nous donnent envie de nous investir, que nos salariés nous donnent envie de les faire réussir... On peut attendre de l'autre ou on peut initier la spirale. Car, ce qui intéresse l'être humain n'est pas le résultat ou la performance, mais les relations humaines qui ont favorisé le résultat ou la performance.

En résumé, la fête a plusieurs vertus :

- Elle donne soif de nouvelles victoires
- Elle efface les traces laissées par l'effort
- Elle félicite les meilleurs
- Elle réhabilite les moins bons dans un esprit positif

C'est en cela que j'affirme que la fête est un véritable **acte managérial**.

Ceux qui fêtent leurs hommes leur font prendre conscience de leur contribution à l'édifice collectif. C'est pour cela qu'il faut tout fêter : les progrès, les succès, les efforts, les échecs, les anniversaires...

En cela la fête stimule le désir de repartir en conquête. C'est la reconnaissance que l'on obtient dans les gestes qu'on a su maîtriser et les comportements qu'il a su mobiliser. Cela engendre un acte fondamental : lire dans le regard de l'autre sa valeur.

Et de votre côté, quel sera le prochain événement qui méritera d'être fêté ?

ÉPILOGUE

Les années qui se sont écoulées depuis 1995, date effective de ma retraite sportive m'ont donné le recul nécessaire pour envisager l'écriture de ce livre. Le temps fait son œuvre, me laissant ainsi le soin de mûrir les enseignements et les mécaniques d'une vie d'athlète, d'une vie personnelle, d'une vie professionnelle, d'une vie qui recommence chaque matin…

Sur un plan familial, je suis aujourd'hui marié à une femme formidable et père de deux petites filles adorables ; leur éducation a été une vraie source d'inspiration et de remise en question. Le mariage, aussi. Un athlète fonctionne souvent de façon très égocentrique. Nathalie m'a appris à composer a deux, puis à trois et enfin à quatre. Lorsque ma carrière s'est achevée, il a fallu du temps pour que je m'adapte à une vie sédentaire et à des relations « normales » : je me devais d'évoluer, cela relevait quasiment d'une question de « survie sociale ».

Pendant tout le temps qu'a duré ma carrière sportive, j'étais au centre d'une arène, je n'avais pas besoin de faire d'efforts pour aller vers les autres puisque c'étaient eux qui venaient à moi. Nathalie m'a montré la voie : être à l'écoute de l'autre, intégrer d'autres modèles, se confronter à d'autres systèmes de pensée, d'autres façons de voir le monde.
L'image qui illustre le mieux cette vision de mon existence est la suivante : un tableau, dans un cadre.
Dans ce tableau, ma vie telle qu'elle est aujourd'hui.
L'objectif : repousser les limites du cadre, l'agrandir, l'étirer, faire de la place à l'intérieur du tableau pour accueillir de plus en plus de personnes, pour se confronter aux différences et aux a priori, pour qu'on vienne me bousculer, me surprendre ; en somme, me maintenir vivant et attentif, généreux et sensible.
Agrandir les dimensions du cadre permet, à juste titre, chacun à son échelle, de contribuer à ce que le monde

soit meilleur. Cela peut paraître naïf, mais je ne cesserai jamais de penser que si chacun repousse les limites de son cadre personnel, l'humanité trouvera une forme de salut.
Cette ouverture d'esprit permet d'assouplir la tolérance et de stimuler la curiosité pour enrichir le savoir être et les connaissances. Tout cela a été nouveau pour moi.

Après avoir vécu la toute puissance de l'ego – *être le meilleur, sans failles ni faiblesses* – je me suis rendu à l'évidence : ce système de fonctionnement n'est pas durable, la lumière n'est pas éternelle, nos cellules vieillissent et nous amènent à identifier et intégrer la part d'ombre qui en résulte... Se développer dans la toute puissance de *l'être*, intégrant la faille comme étant un point d'optimisation de la force, l'ombre comme étant la mise en relief de la lumière est un travail qui nous permet de développer plus de sagesse, de paix et d'amour. C'est ainsi que nous tendons vers des idéaux familiaux et professionnels. Nous avons le sentiment d'être toujours en mouvement, sans cesse en quête de nouveaux challenges. Mais nous sommes aussi conscients que si nous ne cherchons pas chaque jour à entretenir et enrichir cet équilibre, celui-là reste précaire... Rien n'est jamais acquis ! Le ski est un défi aux lois de l'équilibre...

Quand on rêve le monde...

Et, pour parfaire la parabole qui renvoie à mon sport, je dirais que, dans le contexte familial, professionnel et social, c'est en maîtrisant les déséquilibres que nous stabilisons notre vie.

Ce livre est profondément symbolique pour moi.
Dix années se sont écoulées entre la fin de ma carrière et l'écriture de cet ouvrage et je sais que je n'aurais pas pu l'écrire si je n'avais pas effectué en amont tout ce travail et ces recherches autour des enseignements.
Certains pourront douter de la légitimité et du bien-fondé de cette initiative, soit. N'est-il pas plus important que cette légitimité, je la ressente, moi, au plus profond de mon être ?
L'expérience de ce nouveau challenge a été très formatrice et j'en suis immensément fier parce qu'il est le résultat d'un travail collectif, ponctué d'interventions directes et indirectes des personnes qui ont le plus compté dans ma vie. J'ai tout appris au contact des autres. Ce livre met en évidence la relation entre le maître et l'élève. Je disais à l'issue des Jeux d'Albertville que Nano avait fait de moi « quelqu'un » puis que son absence avait terminé de faire de moi un « homme ».

Épilogue

C'est la marque des Seigneurs, avec toute la noblesse d'esprit que je confère à cette expression : ils t'enseignent, ils te transmettent et tôt ou tard, tu dois intégrer... Quand tu es seul face à tes difficultés, il te suffit d'aller chercher au fond de toi le trésor qu'ils t'ont légué.

Alors merci à vous…

REMERCIEMENTS

Je tiens à dédier ce livre à mon épouse **Nathalie** et à mes filles **Louison** et **Zoé** pour leur amour inconditionnel et les voies de sagesse lumineuses qu'elles m'ouvrent chaquc jour.

À **mes parents** qui, par le respect de mes choix, leur soutien total et l'amour qu'ils m'ont offert m'ont permis de voler de mes propres ailes…

À **Nano** qui, par ses enseignements, a su faire de moi quelqu'un d'accompli, capable de trouver un équilibre dans le chaos et ce qu'il faut de déséquilibre dans le confort.

À **mes entraîneurs**, Philippe – mon maître technique – et Thierry, pour leur générosité de cœur, leur amitié indéfectible et leur sens de l'humour déconcertant.

À **tous les concurrents** qui sur la piste m'ont poussé à donner le meilleur et à comprendre que le ski n'était qu'un jeu.

À **Jean-Claude Killy**, qui, par sa cohérence, sa dimension et sa capacité à viser toujours plus juste reste un modèle d'inspiration.

Je tiens également à saluer ceux qui aujourd'hui me permettent de mettre des mots et de la structure dans ma vie :
Jean-Noël Gaume, David Lefrançois, Gérard Collignon et Christiane Chameau.

Enfin, merci à mes **éditeurs**, Sarah Molina et Yann Derrien.

MES RÉFÉRENCES BIBLIOGRAPHIQUES

- **Le principe LOLA**
  René Egli, Éditions d'Olt 1999

- **Guide pratique du Life coaching**
  David Lefrançois, Gualino Éditeur 2004

- **La divine connexion**
  Melvin Morse, Le jardin des livres 2005

- **Le guerrier pacifique**

  Dan Millmann, J'ai lu 2003

- **Le pouvoir de choisir**

  Annie Marquier, Éditions du Gondor 2004

- **Comment leur dire…**

  Gérard Collignon, Interéditions 2005

- **Les messages cachés de l'eau**

  Masaru Emoto, Guy Trédaniel Éditeur 2004

- **L'éveil de votre puissance intérieure**

  Anthony Robbins, Le jour Éditions 1994

- **Le guide du coaching**

  John Whitmore, Maxima 2005

- **Coaching d'équipe**

  Alain Cardon, Éditions d'organisation 2003

- **L'accomplissement de soi**
  Abraham Harold Maslow, Eyrolles 2004

- **Les clés pour lâcher prise**
  Guy Finley, Éditions de l'Homme, 2003

Nota-bene : Les citations parsemées au fil du texte proviennent du poème *Tu seras un homme mon fils*, de Rudyard Kipling, Prix Nobel de Littérature en 1907…

TABLE DES MATIÈRES

Edgar Grospiron

Champion Olympique et triple Champion du Monde de ski de bosses

Formateur agréé en Process Communication Management©

Coach certifié en Neuroscience motivationnelle©

www.grospiron.net

Graphisme couverture et maquette
John Rebaud

Crédit photographique
Éric Manas

N'oubliez pas... Lisez !

ALTAL Éditions
35, avenue Gambetta
Paris XXe

Achevé d'imprimer sur les presses de

BUSSIÈRE

GROUPE CPI

à Saint-Amand-Montrond (Cher)
en janvier 2007

N° d'impression : 070368/1.
Dépôt légal : novembre 2006.
ISBN : 978-2-916-736-020

Imprimé en France